David K. Reynolds
Die stillen Therapien

Die stillen Therapien

Japans Wege zum persönlichen Wachstum

von

David K. Reynolds

Übersetzung aus dem Amerikanischen von
Erika Ifang

Titel der amerikanischen Originalausgabe:
The Quiet Therapies
Copyright © 1980 University of Hawaii Press, Honolulu

Copyright © 1994 by SYNTHESIS Verlag
                    Postfach 14 32 06, D-45262 Essen
Alle Rechte der deutschen Ausgabe vorbehalten
Satz: ZERO Typografischer Betrieb, Moers
       gesetzt aus der ITC Garamond
Umschlag: Brigitte Abt-Harrer, Rottenburg
ISBN 3-922026-63-X

Inhalt

Vorwort

Dieses Buch handelt von verschiedenen japanischen Methoden der Psychotherapie. Gemeinsam ist ihnen allen, daß der Klient auf die eine oder andere Weise dazu angehalten wird, mit sich und seinen Gedanken eine Zeitlang völlig allein zu sein. Ich nenne diese Methoden die stillen Therapien.

Ich habe diese Therapien die letzten zehn Jahre erforscht – darüber gelesen, sie in der Praxis erprobt, sie mit Therapeuten und Patienten besprochen und habe, um ein tieferes Verständnis dafür zu gewinnen, sowohl mich selbst einer solchen Behandlung unterzogen als auch andere damit therapiert.

Vielleicht haben Sie schon von diesen Therapien gehört, aber wahrscheinlich waren Ihre Informationen oberflächlich oder falsch. Die kurzen Artikel, die bisher in westlichen Fachzeitschriften und Illustrierten erschienen sind, sind oft nur eine Karikatur der theoretischen und praktischen Grundlagen dieser Therapien und verleiten westliche Therapeuten eher dazu, sich davon abzuwenden. Sie zeichnen im allgemeinen ein Bild, als würden weise alte Männer oder Mystiker tatendurstigen Masochisten esoterische Übungen unterjubeln.

Doch die zahlreichen Therapeuten, die ich in Japan interviewt habe, waren ganz offensichtlich weder schwärmerische orientalische Exoten noch einfältige autoritäre Traditionalisten. Sie haben fundierte Kenntnisse in den westlichen Therapien und können auf lange eigene Erfahrungen mit wißbegierigen, sensiblen Klienten zurückblicken. Ihr Verständnis von der menschlichen Natur wurzelt tief und fest in der Praxis. Sie können nicht immer klar sagen, warum jedes Element in einem bestimmten therapeutischen Prozeß seine Funktion erfüllt, aber sie sind sich der Wirksamkeit sicher und können häufig den Heilungsverlauf bei einem Patienten voraussagen.

Jeweils ein Kapitel dieses Buches ist der Beschreibung folgender fünf Therapien gewidmet: *Morita-*, *Naikan-*, *Seiza-*, *Shadan-* und *Zen*-Therapie. Die Namen sind uns etwas fremd, aber bei genauerer Betrachtung lichtet sich der Nebel des Rätselhaften. *Morita* ist der Name des Psychiatrie-Professors, der die gleichnamige Therapie, die im Eingangskapitel dargestellt wird, entwickelt hat. Das japanische Wort *Naikan* besteht aus den Silben *nai* (das heißt „innere") und *kan* (das heißt

„Beobachtung"). Zusammengezogen ergibt sich dem Sinn nach „Innenschau". *Seiza* besteht aus *sei* (still) und *za* (Sitzen) und beschreibt damit hervorragend das therapeutische Grundelement dieser Therapie, wie wir noch sehen werden. *Shadan* bedeutet „Isolation", und *Zen* ist die japanische Aussprache für das chinesische Wort *Ch'an*, das von Sanskrit *Dhyana*, das heißt „Meditation", abgeleitet ist.

Ähnlich wie mit den Namen verhält es sich auch mit den Therapien selbst: Wenn ich mein Ziel erreicht habe, dürfte vieles an ihnen, was auf den ersten Blick seltsam und östlich anmutet, dem westlichen Leser begreiflich werden. Wichtig ist, sich klarzumachen, daß japanische Psychotherapeuten ihre Methoden keineswegs als geheimnisvoll oder mystisch auffassen. Vielmehr helfen diese östlichen Therapien mit ihren praktischen Ratschlägen und Methoden Patienten, typisch menschliche Lebensprobleme zu bewältigen.

Im letzten Kapitel werden wir uns einige der Gedanken vornehmen, die sich durch alle diese Therapien ziehen, und sehen, ob sie uns etwas über das Wesen des Menschen, über die Funktionsweise des Geistes, über Freude und Leid und über die Ziele der Psychotherapie sagen.

Gelegentlich wird der Leser auf den folgenden Seiten auch über die Wirksamkeit der betreffenden Therapien informiert, doch sollte er sich davon nicht beeinflussen lassen. Den Erfolg einer Psychotherapie zu beurteilen ist bekanntermaßen schwierig: Die Resultate sind nur schwer zu messen; Kontrollgruppen sind kaum einzurichten und auszuwerten; manche therapeutischen Verfahren lassen sich nicht in ihre einzelnen Elemente zerlegen und dann beurteilen – um nur einige der Schwierigkeiten zu nennen. Die Ergebnisse werden stark beeinflußt davon, welche Patienten behandelt werden, welche von ihnen befragt werden, welche auf die entsprechenden Fragen antworten, wie die Fragen abgefaßt sind und was unter „Heilung" verstanden wird. Überdies ist nicht unbedingt gesagt, daß im Falle einer Verbesserung des Wohlbefindens des Patienten die betreffende Behandlung diese Verbesserung bewirkte.

Fest steht, daß diese fünf Therapien in Japan erfolgreich zur klinischen Behandlung von Neurosen angewandt worden sind und daß zahlreiche Therapeuten von ihrem Nutzen überzeugt sind. Es liegt nicht in meiner Absicht, Ihnen einzureden, die dargestellten Therapien seien das, was Sie, ich und alle Welt unbedingt brauchten, sondern ich will nur etwas zu Ihrer Information beitragen. Die beigefügten Fallgeschichten sollen ein paar Anhaltspunkte dafür liefern, daß einigen Menschen offenbar wirklich durch diese Therapien geholfen wurde und daß einige Therapeuten sich bemühen, ihre klinischen Eindrücke von einer erfolgreichen Behandlung durch entsprechende Daten und Fakten zu belegen.

Viele japanische Therapeuten äußern sich besorgt darüber, daß Westler über ihre Methoden schreiben, ohne auf echte Erfahrungen zurückgreifen zu können. Sie mißtrauen einer intellektuellen Sachkenntnis, die nicht mit *Taiken*, einer fundamentalen körperlichen Erfahrung, einhergeht. In meinen Forschungen habe ich Wert darauf gelegt, die Therapien nicht nur als Außenstehender zu beobachten oder darüber zu lesen und Gespräche zu führen, sondern sie selbst als Patient zu erleben und sie als Therapeut bei anderen anzuwenden. Die auf diese Weise stets wechselnden Perspektiven tragen dazu bei, eine ausgewogene Gesamtbeurteilung zu finden.

Ich freue mich, daß meine Forschungsarbeiten nun zu diesem Buch geführt haben. Allerdings sind die hier angeführten Ideen nicht mein Verdienst, denn meine Gedanken kommen einfach von „irgendwoher“: Sie steigen wie Luftblasen an die Oberfläche meines Geistes. Meistens habe ich beim Sprechen oder Schreiben keine genaue Vorstellung davon, wie ein eben begonnener Satz, eine Äußerung, enden wird. Idee folgt auf Idee, bis ich irgendwie das Ende des Gedankenflusses oder einen Szenenwechsel absehen kann. Wenn der Leser sein eigenes Denken einmal von diesem Blickwinkel aus betrachtet, wird er sicher merken, daß es ihm ähnlich geht. Wir sind alle Beobachter unseres Denkens – fast so, als würden wir zuschauen, wie Ideen auf der Leinwand unseres Geistes aufblitzen. Ich denke nicht in der gleichen Art, wie ich handle (d. h. meinen Körper zu einer Bewegung veranlasse). Gedanken erscheinen einfach. Mein Verdienst ist nur, daß ich die Gedanken *aufschreibe*, um sie als Leitlinien für effektives Verhalten nutzbar zu machen. Mit dieser kurzen Vorbemerkung hoffe ich, klar herausgestellt zu haben, daß ich zwar der Autor dieses Buches bin, daß aber letztlich die Quelle der Ideen im dunkeln bleibt. Das zu sagen ist weder bescheiden noch mystifizierend; es entspricht lediglich peinlich genau der Wahrheit.

Andere haben mir Informationen und Ermutigung zuteil werden lassen. Japanische Therapeuten und Gelehrte in solcher Zahl, daß sie hier nicht einzeln aufgeführt werden können, haben Zeit und Mühe in meine Forschungen investiert. Die medizinische Fakultät an der Universität von Südkalifornien hat mir Zeit, Mittel und Personal zur Verfügung gestellt. Der Erfahrungs- und Meinungsaustausch mit Medizinstudenten, Sozialarbeitern und Patienten in meinem Seminar über buddhistisch orientierte Psychotherapien hat mir wertvolle Anregungen gegeben. Viele liebenswerte Menschen haben es mir ermöglicht, mich zum Schreiben zurückzuziehen, und die prosaischeren Dinge des alltäglichen Lebens für mich erledigt. Für ein Buch muß ein Autor mit seinem Namen verantwortlich zeichnen, und ich nehme auch gern die Fehler und Mängel dieses Buches auf meine Kappe; alles andere ist jedoch, wie alle schöpferischen Produkte, das Ergebnis von Teamarbeit.

I
Einleitung

Die westliche Taktik des Analysierens und Aufgliederns in Entweder/Oder-Kategorien bringt gewisse Probleme mit sich, wenn es um Menschen geht.

Ich bin zum Beispiel weder introvertiert noch extravertiert. Ich bin manchmal sowohl als auch, dann wieder weder/noch und neige oft kurzfristig oder über längere Zeit auch zu mehr oder weniger gemischten Gefühlen. Ich bin nicht einfach nur ärgerlich, wenn mich auf der Autobahn ein anderes Fahrzeug beim Überholen schneidet, sondern bin zugleich verärgert, überrascht, besorgt, wachsam, herausgefordert und noch vieles mehr. Die Japaner sind keineswegs bloß gemeinschaftsorientiert. Oft sind sie auch die egozentrischsten, selbstsüchtigsten Menschen, denen ich je begegnet bin. Sie gehören aber auch zu den aufopferungsvollsten, uneigennützigsten, fremdbestimmtesten Völkern der Erde. Ich spreche hier nicht von Unterschieden zwischen einzelnen Japanern, obgleich eine ungeheure Variationsbreite vorhanden ist. Ich spreche von der Variabilität des einzelnen innerhalb eines Zeitraums oder einer Situation oder gar eines kurzen Augenblicks.

Diese Vielfalt von Gefühlen, Gedanken und Bedeutungen, die wir mit einem bestimmten Akt oder Ereignis verbinden, wird es verhindern, daß wir jemals eine flächendeckende deterministische Wissenschaft des menschlichen Verhaltens schaffen. Wenn sich Ereignisse im menschlichen Leben nicht in einzelne oder wenigstens mehrere Kategorien einordnen lassen, sind diese Kategorien auch nicht als unabhängige Variablen zur Verhaltenserklärung oder -voraussage zu gebrauchen. Einfach ausgedrückt: Wenn wir nach innen schauen, sehen wir von Augenblick zu Augenblick eine solche Komplexität, daß jede wissenschaftliche Abhandlung über das, was in uns vorgeht, stark vereinfachend und in ebendem Maße ungenau geraten muß.

Der Wissenschaftler kann eine Wahl treffen und sich auf einen Aspekt des Erlebens oder Verhaltens konzentrieren, während er zugleich andere ignoriert – wodurch sich Verhaltensweisen mit etwas mehr als bloß zufälliger Genauigkeit voraussagen lassen –, aber es bleibt doch so ähnlich, als wollte man einen Wald mit einer Taschenlampe erhellen. Was können wir in dieser offensichtlichen Sackgasse tun? Eine Lösung ist die, die Unzulänglichkeit des formal-analytischen Denkens einzusehen und nur sparsam und bei engumrissenen Problemen davon Gebrauch zu machen.

Als alternativer Denkansatz kommt eine Art von phänomenologischem Operationalismus in Frage, den wir meines Erachtens in den zur Debatte stehenden Therapien vorfinden. „Operationalismus" heißt, etwas mit Hilfe der Verfahren zu definieren, mit denen es erreicht wird. Die *operationale* Definition eines Zuckerplätzchens würde beispielsweise etwa so lauten: „Man nehme Zucker, Mehl, Eier, Wasser usw., vermische sie, teile das Erhaltene in Stücke, gebe sie auf ein Backblech und backe sie bei einer bestimmten Temperatur – das Ergebnis sind Zuckerplätzchen." Im Gegensatz dazu würde die *terminologische* Definition eines Plätzchens eher lauten: „Kleines rundes süßes Gebäck." Die terminologische Definition beschreibt, *was etwas ist*; bei der operationalen Definition geht es darum, *wie es gemacht oder gefunden wird*.

Weiter oben habe ich behauptet, meine Erscheinungswelt als sehr komplex zu erleben. Ich vermute, Ihnen geht es genauso, obwohl ich natürlich nie direkt an Ihrer Welt teilhaben kann. Statt also terminologische Erfahrungskategorien aufzustellen, wie es die Wissenschaft tut (dieser Mensch ist „extravertiert", „frustriert", „neurotisch", „leidet unter einem Ödipuskomplex" usw.), sagt man bei operationaler Betrachtung: „Tu in einer Situation wie dieser dies und das, und du wirst die Erfahrung X machen." Zum Beispiel sagt der Naikan-Therapeut zu seinem Klienten: „Meditieren Sie auf folgende Weise: Sinnen Sie darüber nach, wieviel andere für Sie getan haben, wie wenig Sie ihnen zurückgegeben haben, wieviel Mühe Sie ihnen gemacht haben, und Sie werden die Erfahrung von Schuldgefühlen und Dankbarkeit machen und den Wunsch verspüren, Ihren Mitmenschen zu dienen." Frage ich den Naikan-Therapeuten, warum es zu diesem Ergebnis kommt, wird er womöglich zu einer langen Erklärung ausholen, die schließlich in den Satz mündet: „Es liegt in der menschlichen Natur begründet, unter diesen Umständen so zu reagieren." Das ist keine Erklärung im wissenschaftlichen Sinne. Aber im operationalen Sinne wird damit eine Situation definiert, die voraussichtlich zu einer bestimmten Erfahrung führt. Das heißt, der Therapeut hat uns auf der Grundlage des phänomenologischen Operationalismus ein Verfahren gezeigt, mit dem bestimmte Erfahrungen erreicht werden können.

Bei einem wissenschaftlichen Experiment werden bestimmte Bedingungen hergestellt, und es wird der Versuch gemacht, bestimmte Ergebnisse vorauszusagen. Die Therapeuten des vorliegenden Buches stellen bestimmte Erfahrungen in ihren Klienten her, und ihre Voraussagen scheinen ziemlich genau zuzutreffen. Ihre Erklärungen sind aus wissenschaftlicher Sicht noch recht bescheiden und unvollkommen. Diese Unvollkommenheit wird manchen Leuten ein Unbehagen verursachen. Ich meine, wir sollten einmal die Möglichkeit ins Auge fassen, daß der Fehler nicht in der mangelnden Wissenschaftlichkeit dieser Therapeuten zu suchen ist, sondern in der grundlegenden Orientierung der Wissenschaft selbst. Wenn eine Definition des menschlichen Erlebens nach beschränkten Kategorien alles ist, worauf sich die Wissenschaft berufen kann, dann bleibt die menschliche Erfahrung wahrscheinlich weitgehend unverständlich. Wenn wir hingegen Einfühlungsvermögen, Selbstbeobachtung und einen operationalen Zugang zur Erfahrung als Mittel der Wissenschaft gelten lassen, können wir vielleicht eines Tages eine reichhaltigere prognostische Wissenschaft des Geistes entwickeln. Bis dieser Tag kommt, müssen wir noch viel lernen von den Praktikern der „stillen Therapien".

II
Die Morita-Therapie

Japanische Therapien gehen natürlich von einer japanischen Sicht des Menschen und seiner Probleme aus, ebenso wie westliche Therapien dem Menschen auf westliche Art begegnen. Beachten Sie bitte, daß ich nicht behaupte, es gäbe in Japan nur *eine* Meinung zu diesem Thema, denn selbstverständlich stehen in Japan ebenso wie im Westen eine Reihe von Sichtweisen zur Wahl.

Die erste der „stillen Therapien" hat ein ausgesprochen japanisches Flair. Sie wurde Anfang des 20. Jahrhunderts von dem Philosophen und Psychiater Shoma Morita zusammengestellt – „zusammengestellt" deshalb, weil Morita ein Gutteil buddhistischen Gedankengutes mit den persönlichen Bedürfnissen seiner neurotischen Patienten verquickte, eigene Erfahrungen und Gedanken hinzufügte, einige Ideen von westlichen Psychotherapien entlehnte, alles gut miteinander vermischte und schließlich mit einem Heiltrank aufwarten konnte, den Leute auf beiden Seiten des Pazifiks höchst schmackhaft finden. Mit anderen Worten: Moritas Therapiesystem, obgleich von japanischem Geist durchdrungen, ist so grundlegend menschlich, daß es auch einigen Nicht-Japanern als brauchbar erscheint, vorausgesetzt, seine Gedanken werden ohne das unnötige und irreführende Beiwerk der unergründlichen asiatischen Mystik wiedergegeben. Das ist meine Aufgabe – die Morita- und andere Therapien in diesem Buch so zu beschreiben, daß Sie Ihre eigenen Erfahrungen daran messen und entscheiden können, ob das Ganze Ihnen etwas nützt.

Wenn Sie nie verkrampft sind und sich nie unbehaglich fühlen bei Gesprächen mit Ihrem Chef, Meister, Lehrer, Pfarrer oder einem Fremden, wenn Sie nicht das unangenehme Gefühl haben, eigentlich mehr leisten zu können als bisher, wenn Sie nicht an sich zweifeln und weder Minderwertigkeitsgefühle noch Hemmungen haben, dann ist die Morita-Therapie wohl kaum von Nutzen für Sie. Sie liegt einfach nicht auf der Wellenlänge Ihrer Erfahrungen. Aber wenn Sie Ihren Charakter auf einem oder mehreren der angesprochenen Problemfelder stärken zu müssen glauben, täten Sie gut daran, die Morita-Methode ernsthaft in Erwägung ziehen. Ein Morita-Therapeut würde sagen, ein tiefgreifendes

Verständnis für seine Ideen und Methoden erwüchse von selbst aus ihrer Erprobung im normalen Leben. Und sollten Sie manche der angesprochenen menschlichen Probleme hautnah kennen, dürfte Ihnen klar sein, daß Morita einen allgemeinmenschlichen Denkansatz vertritt und sich nicht auf typisch japanische Probleme beschränkt.

Allgemeines

Die Morita-Therapie wurde schon 1980 von ungefähr 70 oder 80 Therapeuten in etwa 30 Krankenhäusern und Kliniken sowie 56 über ganz Japan verstreuten Therapiegruppen praktiziert. Das sind kleine Zahlen, wenn man bedenkt, welchen Einfluß das Morita-Denken auf die Praxis der Psychotherapie in diesem Land gehabt hat. Wie im Westen ist die Zahl der orthodoxen Psychoanalytiker viel geringer als die Zahl derer, die neue psychoanalytische Ideen und Methoden hin und wieder aufgreifen, deshalb können wir von einer weitverbreiteten Kenntnis und Anwendung der Morita-Methoden bei der Behandlung von Neurosen in Japan ausgehen. In einer kürzlich in Japan erschienenen Bibliographie ist von 74 Fach- und Sachbüchern sowie etwa 1000 japanischen Artikeln die Rede, die seit Mitte der 20er Jahre zu diesem Thema veröffentlicht worden sind.

Die Therapie als solche wird in verschiedenen Formen praktiziert. Patienten mit schweren neurotischen Störungen werden klinisch behandelt. Weniger schwerwiegende Symptome können ambulant, in Therapie-Gruppen oder auch brieflich behandelt werden.

Morita-Therapeuten mögen zur Behandlung von Depressionen und Psychosen entsprechende Medikamente verordnen und die Morita-Methode als begleitende Therapie anwenden, doch am wirkungsvollsten ist ihre Technik bei einer Art von Neurosen, die *Shinkeishitsu*-Neurose genannt wird. Der Shinkeishitsu-Neurotiker besitzt im allgemeinen einen starken Heilungswillen in Verbindung mit gewissen psychosomatischen Beschwerden und Problemen im Umgang mit anderen Menschen. Seine Schwierigkeiten sind oft durch Überempfindlichkeit anderen gegenüber, Schüchternheit, Minderwertigkeitsgefühle und andere soziale Spannungen gekennzeichnet, die zusammenfassend als Anthropophobie bezeichnet werden.

Eine eingehendere Analyse von Diagnose und Patienten-Charakteristika findet sich in dem Buch *Morita Psychotherapy* (Reynolds 1976). An dieser Stelle genügt der Hinweis, daß die Mehrzahl der behandelten

Patienten jung (in den Zwanzigern und Dreißigern) und selbstbewußt ist. Ihre Ängste und Sorgen sind von der Art, wie wir alle sie mehr oder minder kennen: „Was denkt mein Partner von mir?" „Liegen meine Mängel und Probleme offen vor aller Augen?" „Können andere sehen, daß es mir auf bestimmten Gebieten an Zutrauen und Geschicklichkeit fehlt?" „Warum leiste ich nicht mehr als bisher?" und dergleichen mehr.

Der therapeutische Prozeß

Ehe wir uns damit befassen, was Morita-Therapeuten über all diese allgemeinmenschlichen Probleme sagen, wollen wir uns erst einmal anschauen, wie sie in der Praxis Klienten stationär behandeln.

Auf der Suche nach einem typischen, natürlich frei erfundenen Klienten stoßen wir auf Herrn Tanaka, einen 26jährigen Mann, der sich an eine Morita-Klinik wendet, nachdem er in einem der populären Morita-Bücher über die Therapie gelesen hat. Herr Tanaka ist gehemmt. Er errötet schnell, kann kein Gespräch führen und fühlt sich mittlerweile in Gesellschaft anderer so unwohl, daß er nicht mehr einkaufen gehen oder mit der Straßenbahn fahren kann. Er kann auch nicht mehr arbeiten. Er leidet unter einer verbreiteten Neurosenart, bei der die Morita-Methode besonders wirkungsvoll ist. Wenn es Herrn Tanaka schlecht ginge, er aber dennoch zu Hause und im Beruf zurechtkäme, könnte er ambulant behandelt werden, in einer Gruppe oder sogar brieflich.

Herr Tanaka sucht einen Therapeuten auf, der seinen Zustand offenbar gut kennt (wahrscheinlich ist der Therapeut selber ein ehemaliger Patient). Mit absoluter Bestimmtheit erklärt ihm der Therapeut, daß er geheilt werden würde, wenn er den Anweisungen folge und sich voll und ganz dafür einsetzen wolle. (Herr Tanaka merkt später, daß das Wort „Heilung" von Morita-Therapeuten in einem ganz besonderen Sinn gebraucht wird; es bedeutet nicht, daß Symptome beseitigt werden, sondern trotz dieser Symptome konstruktiv zu leben. Dazu später mehr.)

Wird die Morita-Therapie stationär angewendet, erklärt der Therapeut dem Patienten zunächst, daß die bei ihm vorliegende Störung im wesentlichen psychischer Art ist. Er umreißt die Behandlung, der sich der Patient unterziehen muß, und gibt dem Patienten Zeit, sich mit seiner Familie zu bereden. Der Patient mag Zweifel und Fragen haben, aber ihm wird nahegelegt, dessen ungeachtet dem ärztlichen Rat zu folgen und es mit der Therapie zu versuchen.

Allmählich gewinnt Herr Tanaka die Überzeugung, daß der Therapeut ihn wirklich versteht und den Heilungsverlauf mit einiger Genauigkeit voraussagen kann.

Bald darauf beginnt die erste Phase der Behandlung. Herrn Tanaka wird eine Woche strenger Bettruhe verordnet. Er soll in einem Zimmer für sich allein auf einem *Futon* (einer japanischen Matratze) liegen. Während dieser Zeit ist es ihm nicht gestattet, sich zu unterhalten, zu rauchen, zu lesen, zu schreiben, Radio zu hören oder sich anderen Zerstreuungen zu widmen. Er darf drei Mahlzeiten täglich zu sich nehmen, einmal in dieser Woche ein Bad nehmen und seinen natürlichen sowie den hygienischen Bedürfnissen nachgehen, das heißt zur Toilette gehen, sich das Gesicht waschen (einmal am Tag) und die Zähne putzen. Herr Tanaka sieht diesem Rückzug aus dem gesellschaftlichen Leben wohlgemut entgegen, aber der Therapeut sagt voraus, daß die Erfahrungen, die er machen wird, keineswegs angenehm sein werden. Erinnerungen und Konflikte werden in ihm aufsteigen und etwa am vierten oder fünften Tag ihren qualvollen Höhepunkt erreichen. Eine Flut von Gefühlen und Gedanken wird kommen und gehen. Er muß sie hinnehmen. Sie werden vergehen. Dann, in den letzten Tagen, wird ihn immer stärker Langeweile bedrängen. Er wird sich betätigen wollen – arbeiten, spielen, sich umschauen und im Garten spazierengehen wollen. Die Prognosen des Arztes stimmen. Nach dem Gipfel der Qual um den vierten oder fünften Tag herum verspürt Herr Tanaka einen natürlichen Betätigungsdrang.

Im folgenden zwei Berichte über die Erfahrungen, die bei dieser Bettruhe gemacht werden. Den ersten habe ich selbst verfaßt, während ich als Forscher/Patient die Morita-Therapie selbst erprobte.

Um die psychotherapeutische Methode der isolierten Bettruhe richtig verstehen zu können, unterzog ich mich selbst dieser Behandlung. Dr. T. Suzuki stellte freundlicherweise seine Behandlungsräume zur Verfügung und willigte ein, die Forschungsarbeit zu unterstützen und mich diese eine Woche lang wie einen normalen Patienten zu behandeln.

Ich ging mit allen möglichen Vorurteilen und Hypothesen in die Bettruhezeit, die ich im Laufe der Erfahrung überwiegend aufgeben mußte. Ich erwartete, in Räumlichkeiten untergebracht zu werden, die alle Sinnesreize vollkommen ausschlossen. Bei klassischen Experimenten mit dem Entzug von Sinnesreizen, der sogenannten „sensorischen Deprivation", werden die Versuchspersonen mit verbundenen Augen in lauwarmes Wasser gelegt oder müssen mit verbundenen Augen, Oropax, wattierten Handschuhen und anderen Mitteln, die äußere Reize fernhalten, das Bett hüten. Extreme Bedingungen des Reizentzugs können die meisten Versuchspersonen nicht länger als ein paar Stunden bewußt ertragen.

Doch als ich schließlich auf meinem Futon in dem Zimmer mit Tatami-Fußboden lag, konnte ich eine Rose in einer Vase sehen. Ich konnte Stimmen hören, das Gebell eines Hundes, eine ferne Radiostimme, die für eine landesweite Einführung allmorgend- und allabendlicher Leibesübungen warb. Ich konnte die rauhe Oberfläche der Tatami-Reisstrohmatten fühlen, meinen wachsenden Bart, die weiche Decke und das kühle Laken. Außerdem gab es Geschmäcker und Gerüche, die mich ablenkten – Seife, Zahnpasta, die Mahlzeiten. Sicher, die äußeren Reize waren ein wenig eingeschränkt – meine Sinne mußten sich mit weniger zufriedengeben –, aber die Bedingungen waren nicht annähernd so extrem, daß von sensorischer Deprivation die Rede sein konnte.

In den ersten zwei Tagen döste ich vor mich hin und schlief Tag und Nacht. Am dritten und vierten Tag jedoch wurde ich immer wacher, selbst nachts. Ich machte die Erfahrung, daß Gedanken von nirgendwoher an die Oberfläche meines Geistes stiegen, ins Nichts zurück entschwanden und durch andere ersetzt wurden.

Das Bedürfnis, mein Denken irgendwie unter Kontrolle zu halten, brachte mich dazu, meine Vergangenheit bis in fernste Erinnerungen zurückzuverfolgen, bei jedem Ereignis zu verweilen und die Langeweile damit im Zaum zu halten. Am fünften Tag hatte ich die Rückschau in mein Leben abgeschlossen und dabei eine wunderbare, tiefbewegende Entdeckung gemacht. Mir war klar geworden, daß ich das Produkt der Fürsorge und Güte anderer Menschen war. Das Leben, Nahrung, Unterkunft und dergleichen hatten mir meine Eltern gegeben; Kenntnisse hatten mir Angehörige, Gleichaltrige und Lehrer vermittelt. Jede Fähigkeit, jede Habe, jede Idee, die ich für „mein eigen" gehalten hatte, hatte ich anderen zu verdanken, die den Keim dazu gelegt und ihr Wachstum gefördert hatten, oder sie war mir aus dem „Nichts" zugefallen. Ich vermag im allgemeinen meine Gefühle nicht offen zu zeigen, aber bei dieser Offenbarung rollten mir tatsächlich Tränen der Dankbarkeit über die Wangen. Wieviel verdanke ich doch meinen Gönnern! Wie wichtig ist es doch, es ihnen endlich dadurch zu vergüten, daß ich das Empfangene an andere weitergebe!

Der fünfte Tag bringt bei vielen, die eine Zeit der isolierten Bettruhe durchmachen, irgendeine Form der Gipfelerfahrung mit sich. Darauf war ich nicht gefaßt. Ich hätte geschworen, daß meine rational und wissenschaftlich begründete Distanziertheit derlei von selbst ausschlösse. Aber die Erfahrung war einfach überwältigend. Für schwere Neurotiker bedeutet sie meist den Gipfel des Leidensdrucks und das darauf folgende Loslassen, doch für mich war sie eine Erleuchtung, einem Naikan-Erlebnis vergleichbar (siehe Kapitel 2). Allerdings habe ich sie gemacht, bevor ich überhaupt etwas von der Naikan-Therapie wußte.

Am sechsten und siebten Tag wurde ich von zunehmender Langeweile geplagt. Ich wollte unbedingt aufstehen und mich betätigen. Schulden an die Gesellschaft waren zu begleichen, Dankbarkeit mußte erwiesen werden, und Aufgaben waren zu erfüllen – nicht zuletzt die, den Raum zu reinigen, in dem ich eine ganze Woche lang hatte beobachten können, wie sich Staub ansammelte. Trotz des inneren Drucks, aktiv zu werden, hielt ich auch die letzten zwei Tage Bettruhe ein, wie zuvor.

Es gab keine Löcher in den Wänden, durch die andere sich davon hätten überzeugen können, daß ich mich „richtig verhielt", keine Schwester, die stündlich nach mir gesehen hätte. Jeden Morgen stand ich vor Dr. Suzuki. Er fragte, ob ich auch die Bettruhe einhalte. Ich antwortete, das täte ich. Durch dieses kurze Ritual besiegelten wir jedesmal unseren Pakt der gegenseitigen Verantwortung und Aufrichtigkeit.

Am letzten Tag bekam ich einen Besen in die Hand gedrückt und wurde angewiesen, das Zimmer zu fegen. Welch eine angenehme Erfahrung das war! Wie gut es tat, die Arme voller Schwung nützlich zu regen! Obwohl ich ein wenig schwach war, sah mein Zeitplan die sofortige Rückkehr zu anderen Aufgaben vor.

Als ich aus der Klinik trat, brachen die Farben und Klänge des geschäftigen Tokio mit beispielloser Frische und Vitalität über mich herein. Es war eine Art von Wiedergeburt.

Der nächste kurze Rückblick auf die Ruhezeit im Bett stammt von einem 27jährigen Büroangestellten, der unter einer Reihe von Zwängen und fixen Ideen litt:

> Mir war, als erreichte ich jetzt den Zustand, den ich auf jeden Fall irgendwann erreicht hätte. Ich versuchte vergeblich, mich aus eigener Kraft zu heilen. Ich kam an dem Punkt an, wo es kein Entkommen mehr für mich gab. Da sagte ich mir, daß ich besser von meinem Eigensinn ablasse und alles dem Doktor anvertraue. (Koga, 1967, S. 93.)

Kehren wir nun zu unserem hypothetischen Patienten zurück. Die isolierte Bettruhe hat unter anderem die wichtige Funktion, Herrn Tanaka ohne größere Ablenkungen zur Begegnung mit sich selbst zu zwingen. Er muß sich mit all seinen Mängeln, Ängsten und Grübeleien auseinandersetzen. Er wird angewiesen, alle Gefühle und Gedanken zu akzeptieren, die in sein Bewußtsein dringen. Er lernt aus Erfahrung, daß Gefühlswellen kommen und gehen, daß ein Gedanke dem anderen folgt und ohne bewußte Kontrolle aus dem Nichts entsteht und wieder im Nichts verschwindet.

Eine weitere wichtige Funktion dieser ersten Phase besteht darin, daß der Patient den Rückzug aus der sozialen Interaktion und Aktivität (die ihm zu Beginn der Bettruhezeit noch wünschenswert und „sicher" erschien) durch eigene Erfahrung als ein unnatürliches und unangenehmes Erlebnis erkennen lernt. Die Langeweile nimmt in den letzten Ruhetagen so zu, daß Herr Tanaka, als ihm ein Besen ausgehändigt wird mit der Anweisung, das Zimmer auszufegen, diese Aufgabe mit größter Freude ausführt.

Dann beginnt die zweite Phase; sie kann drei Tage bis eine Woche andauern. Der Patient wird im Krankenhaus herumgeführt und danach verpflichtet, leichte körperliche Arbeiten zu verrichten; er wird ferner dazu ermutigt, andere Aufgaben zu finden, mit denen er sich beschäftigen will. Er darf sich aber weder anderen Patienten anschließen noch mit ihnen reden oder das Krankenhaus verlassen. Nur sieben bis acht

Stunden Schlaf sind ihm zugebilligt. Er darf in einem festgelegten Zeitraum lesen, nur darf der Inhalt seiner Lektüre weder trivial sein noch die Tendenz zur Wirklichkeitsflucht fördern. Mit der Zeit wird er mit weiteren Aufgaben betraut, zum Beispiel mit Küchenarbeiten, dem Anheizen des Bades, mit künstlerischen Tätigkeiten, Stricken und ähnlichem. Zuerst empfindet Herr Tanaka diese Aktivitäten als wohltuend nach der Langeweile der vorausgegangenen Woche. Aber das ändert sich bald; er wird immer unzufriedener und stellt womöglich fest, daß die Symptome seines Leidens zurückgekehrt sind.

Trotzdem muß er sich darauf konzentrieren, die Arbeit zu erledigen. Er ist warnend darauf hingewiesen worden, daß die Freude vergehen würde und die Gefühle veränderlich sind „wie der Himmel über Japan". Das Leben ist nicht auf Gefühle zu gründen, sondern auf produktive Tätigkeiten. Nur das, was man geleistet hat, stärkt das Selbstwertgefühl, insbesondere das, was man für andere geleistet hat.

Die dritte Phase hält ebenfalls etwa drei Tage bis eine Woche an. Für den Patienten gilt immer noch die Einschränkung, sich nicht frei mit anderen unterhalten und nicht zerstreuen zu dürfen. Von Herrn Tanaka wird jetzt verlangt, ziemlich schwere Arbeit zu tun, wie Holz zu hacken, Abflußrohre zu reinigen, sich in Feld und Garten zu betätigen, Zimmermannsaufgaben zu bewältigen und dergleichen mehr. Er erhält die Erlaubnis, alles zu lesen, woran er Gefallen findet, gleich welchen Inhalts. Er merkt allmählich, daß es bei seiner Arbeit keine Rolle mehr spielt, was er ist oder wie er sich fühlt. Er erlebt, daß es Freude macht, Aufgaben zu erfüllen.

Die Behandlung in den Phasen nach der Bettruhe hat noch andere Elemente, die ich an dieser Stelle nicht im einzelnen beschreiben kann. Herr Tanaka fängt an, ein Tagebuch zu führen – nicht über seine Gefühle, sondern nur über seine täglichen Aktivitäten. Dieses Tagebuch wird jeden Tag vom Therapeuten gelesen und kommentiert. Herr Tanaka geht zu Vorträgen, nimmt an geselligen Treffen teil, spricht vertraulich mit seinem Therapeuten, nimmt die Mahlzeiten in der Gemeinschaft ein und liest Morita-Bücher.

Die vierte Phase könnte als Zeit der Einübung ins Leben bezeichnet werden. Der Patient arbeitet weiterhin. Er verbessert seine Beziehungen zu anderen Menschen durch sportliche Aktivitäten wie Tischtennis, Volleyball, Minigolf oder andere Formen der Geselligkeit wie etwa Volkstanz. Immer öfter macht er auf Verlangen Besorgungen außerhalb des Krankenhauses oder nimmt an Gruppenausflügen teil. Schließlich wird er entlassen. Sein Kontakt zum Krankenhaus endet damit aber nicht unbedingt. Er nimmt an Treffen und Ausflügen ehemaliger Patienten teil und bekommt alle paar Monate das Klinik-Magazin. Der eigentliche Krankenhausaufenthalt erstreckt sich normalerweise auf 40 bis 60 Tage.

Wenn wir Herrn Tanaka fragen, wie er zurechtkommt, wird er wahrscheinlich sagen, daß seine Symptome nur geringfügig abgeklungen sind, aber das Wesentliche ist, daß er gelernt hat, trotzdem zu arbeiten, die Geselligkeit zu pflegen und sich normal zu verhalten. Er ist nicht mehr so besorgt und gehemmt wegen seiner Symptome. Inzwischen sieht er seine Ängste als Teil seiner selbst an und nicht als äußerliche Symptome, die ihm anhaften.

Fast alle westlichen Therapien betrachten Angst als Anzeichen für eine Störung, als Symptom wie Fieber oder Ausschlag, das irgendein tieferliegendes Problem widerspiegelt. Die Verhaltenstherapien sehen vielleicht in der Angst selbst das Problem (und nicht die Reflexion einer tieferliegenden Störungsursache wie die eher analytisch orientierten Therapeuten), das es zu behandeln gilt. Doch letztlich ist die Angst auch für die Verhaltenstherapeuten etwas „Äußerliches, Aufgesetztes", das weg muß, damit der Patient zum Normalzustand zurückkehren kann.

Welche dieser Auffassungen ist die realistischste, praktischste und überzeugendste? Was mich betrifft, so erscheint mir bisweilen die Formulierung „ich *bin* Angst" zutreffender für meine innere Verfassung als „ich *habe* Angst".

Was heißt Menschsein?

Jetzt wollen wir einmal untersuchen, welches Denken diesen therapeutischen Verfahren zugrunde liegt. Dazu überlegen wir von einem Morita-Standpunkt aus, was den Menschen ausmacht und bestimmt: Wir denken und fühlen; wir treffen Entscheidungen; wir planen; wir entwickeln uns; wir hoffen, bereuen, lachen, erröten und arbeiten – und wir sind uns all dieser Aktivitäten *bewußt*. Wir haben ein *Selbstbewußtsein*, etwas typisch Menschliches, das uns erlaubt, uns selbst zu beobachten und all diese Eigenschaften als typisch menschlich zu bezeichnen.

Ich schreibe gerade. Ich halte inne und frage mich, wie ich am besten fortfahre. Der Verkehrslärm draußen stört meinen Gedankengang. Ich beschließe, diese Wahrnehmung mit in meinen Text aufzunehmen. Und so fort. Wir haben die Fähigkeit, den Scheinwerfer unseres Bewußtseins auf die Welt „da draußen" zu richten, auf die vor uns liegende Aufgabe oder auf unser Geistesleben. Nehmen wir einmal an, dieser Bewußtseinsstrom – dieses die Zeit in Mäandern durchlaufende Bewußtsein – wäre der Grundzug des Menschen. Denn was kenne ich schon noch *außer* diesem Strom von Gedanken und Eindrücken, die ich mein Bewußtsein nenne?

Die Gedanken schweifen von einem Gegenstand zum anderen, manchmal in glatter Aufeinanderfolge, manchmal sprunghaft, manchmal gezielt, manchmal als Reaktion auf einen äußeren Reiz. Aber sie fließen. Das ist wichtig. Nur wenn sie anhalten (fixiert sind) oder in ständiger Wiederholung um etwas kreisen, sind wir im allgemeinen beunruhigt oder fühlen uns unwohl: Wenn wir in Gedanken nicht über den Tod eines geliebten Menschen hinwegkommen, wenn wir plötzlich mitten in einer Rede den Faden verlieren, wenn uns ständig der Fussel auf dem Pullover eines Freundes vor Augen ist, wenn wir immer wieder an eine verpaßte Chance denken, wenn uns ein bestimmtes Wort nicht einfallen will oder wenn wir solche Angst haben, daß wir wie gelähmt sind und nicht mehr klar denken können.

Derlei anschauliche Beispiele gibt es eine Unzahl, aber worauf es ankommt, ist, daß unsere Gedanken zurückschwappen, um sich selbst kreisen und Ärger machen, wenn der Bewußtseinsstrom blockiert ist. Vor allem die Klippen der Selbstkritik sind es, die die Gedanken auf der Stelle kreisen lassen. Wenn unsere Gedanken blockiert sind, spüren wir die Blockierung meist und richten unsere Aufmerksamkeit nach innen auf diese Störung unseres Geisteslebens. Dieses Nach-innen-Wenden verstärkt jedoch unsere Schwierigkeiten noch (wir konzentrieren uns lieber auf uns selbst statt auf unsere gegenwärtigen Lebensprobleme) und macht uns unser Unbehagen erst richtig bewußt.

Was hat das alles mit der Morita-Therapie zu tun? Wir haben eben den grundlegenden Unterschied zwischen dem gesunden und dem ungesunden oder dem normalen und dem neurotischen Geisteszustand beschrieben. Es gibt keinen neurotischen Menschen, nur Geistestätigkeit, die an einem bestimmten Punkt in der Zeit in ihrem natürlichen Lauf blockiert wird. Wir sind alle von Zeit zu Zeit Opfer einer sochen Blockierung. Ein Mensch, den wir als „neurotisch" bezeichnen, ist im

Vergleich zu uns nur häufiger oder stärker blockiert oder reagiert eher auf bestimmte Situationen mit einer Blockierung. Wir sind alle mehr oder weniger neurotisch – wenn man bei diesem Wort bleiben will –, wobei lediglich der Grad verschieden ist, nicht aber die Art.

Fast jeder kennt die Erfahrung, an einem kalten Morgen im warmen Bett zu liegen und mit sich zu ringen, endlich aufzustehen. Während wir noch daliegen und innerlich mit uns kämpfen, haben wir uns bereits entschieden. Das heißt, wir haben uns entschieden, unschlüssig liegenzubleiben, statt aufzustehen. Wir wissen, daß wir aufstehen müßten, aber es geschieht nicht, solange der Kampf weitergeht. Der gesunde Mensch wacht auf und steht auf. Wenn er überhaupt bemerkt, daß er keine Lust dazu hat, bemerkt er es eben und steht trotzdem auf. Das ist eine Fähigkeit, die man entwickeln kann. Auf die Dauer verringert sie das Unbehagen und die unguten Gefühle, da es im Grunde die Unschlüssigkeit ist, die uns verstimmt. Sobald wir auf sind, widmen wir unsere Aufmerksamkeit anderen vor uns liegenden Aufgaben, und schon ist das „Problem" des Aufstehens behoben.

Ganz ähnlich verhält es sich, wenn ein Morita-Therapeut einem Patienten, der beispielsweise über ständige zermürbende Kopfschmerzen klagt, erklärt, er müsse sich über ein paar einfache Dinge klar werden. Zum Beispiel sei seine Nase stets in seinem Gesichtsfeld, und doch bemerke er sie kaum oder überhaupt nicht im täglichen Leben. Sobald von dieser Tatsache die Rede ist, wird dem Patienten natürlich seine im Sehfeld liegende Nase bewußt. (Dem Leser auch, wie ich vermute!) Von beiden Seiten ist die Nase sichtbar, und ihr Anblick ist eigentlich recht störend. Dann weist der Therapeut darauf hin, daß der Patient in dem Augenblick, in dem er sich auf seine Nase konzentriert hat, die Kopfschmerzen nicht mehr wahrgenommen hat, über die er geklagt hatte. Der Patient nimmt unweigerlich erstaunt zur Kenntnis, daß der Therapeut recht hat. Die anschließende Therapie zielt darauf ab, den Patienten so in die Erfordernisse des Augenblicks zu versenken, daß ihm das Symptom, die nagende Angst, der unablässige Schmerz, nicht mehr bewußt ist. Wenn er dasitzt und grübelt, vergrößert er das Problem nur und verstärkt dessen Wirkung auf sein Bewußtsein.

Totale Verantwortung

Morita-Therapeuten treffen eine klare Unterscheidung zwischen dem, was wir fühlen und dem, was wir tun. Unsere Stimmungen, Impulse,

Neigungen und Empfindungen verleihen unseren Erfahrungen eine ausgeprägte Färbung, aber sie entziehen sich unserer direkten Kontrolle und liegen deshalb außerhalb unserer Verantwortung. Andererseits unterliegt das, was wir *tun*, unserer direkten Kontrolle, und deshalb *sind* wir jederzeit und unter allen Umständen dafür verantwortlich.

Das heißt, unabhängig davon, ob ich das Gefühl habe, in diesem Augenblick schreiben zu müssen oder nicht, ist es allein meine Entscheidung, ob ich dem Gefühl nachgebe oder nicht. Aus der Sicht eines Morita-Therapeuten sind meine Vorwände, mit denen ich meine Schreibfaulheit kaschiere, indem ich mir sage: „Ich bin nicht in Stimmung" oder: „Mir ist einfach nicht danach zumute" weder annehmbar noch plausibel. Andererseits wäre es höchst unaufrichtig, wenn ich die Tatsache, daß ich im Augenblick nicht zum Schreiben aufgelegt bin, abstreiten wollte. Und mich in eine schöpferische Stimmung hineinreden zu wollen wäre einfach töricht. Niemand kann direkten Einfluß auf seinen kreativen Schaffensdrang ausüben. Was soll ich also tun? Ich sollte einfach meinen augenblicklichen Mangel an emotionaler Bereitschaft für diese Aufgabe erkennen und mich trotzdem daranwagen – vorausgesetzt, ich bin der Auffassung, genau das tun zu müssen.

In dieser Weise an die Sache heranzugehen muß nicht zu einem so starren Verhalten führen, wie es auf den ersten Blick scheinen könnte. Vielleicht signalisiert mir meine Gemütsverfassung, daß ich mich lieber mit etwas anderem beschäftigen sollte. Das ist ganz in Ordnung. Ich muß schon in enger Fühlung mit mir selbst sein, um diese Art von Widerwillen gegen das Schreiben in mir zu erkennen. Wenn mir eine andere Arbeit schwer auf der Seele liegt, sollte ich sie vielleicht erst erledigen, ehe ich wieder zu Stift und Papier greife. Aber ich sollte mich nicht von meinen Stimmungen abhängig machen. Manchmal muß man gegen Windmühlenflügel ankämpfen, auch wenn man gar nicht dazu geneigt ist.

Diese scheinbar etwas rigide Art des Umgangs mit Konflikten, die ich gerade beschrieben habe, erweist sich bei gründlicher Überlegung als sehr vernünftig. Wenn einerseits das Leben mich am meisten befriedigt, sobald ich Aufgaben anpacke und zu Ende führe, die ich als wichtig erachte, und wenn ich andererseits wirklich keinen Einfluß auf meine Gefühle in dieser Angelegenheit habe, dann lerne ich besser, unabhängig von meinen Gefühlen zu handeln, damit mir das Leben ein Maximum an Befriedigung gewähren kann.

Hiermit ist bereits angedeutet, was ein Morita-Therapeut dem Kritiker antwortet, der in ihm nur einen gefühllosen Roboter der Produktivität sieht. „Natürlich habe ich Gefühle wie Sie auch", erwidert er, „aber mich meinen Launen, Grillen und Stimmungen zu unterwerfen macht mich weder mit mir selbst noch mit meinem Leben zufrieden; eine solche Unterwerfung bringt kaum mehr als schmerzhafte Konfrontationen mit der Wirklichkeit mit sich (Termindruck zum Beispiel oder Zeiten, in denen ich deprimiert herumsitze und mich zu entscheiden versuche, was ich wohl *Lust hätte, zu tun*). Denken Sie einmal an Ihre eigenen Erfahrungen", sagt der Morita-Therapeut eindringlich, „wodurch sind Sie mit sich und Ihrem Leben zufrieden? Wenn Sie sich uneingeschränkt mit etwas beschäftigen? Wenn Sie eine Aufgabe erfüllt haben? Wenn Ihre Leistungen anerkannt worden sind? Wenn Sie etwas für jemand anders getan haben? Höchstwahrscheinlich haben sich bei Ihnen Freude, Befriedigung und Selbstvertrauen als Nebenprodukt Ihrer *Tätigkeit* eingestellt und nicht infolge Ihres direkten *Suchens* danach. Wenn Sie Freude empfinden und versuchen, dieses Gefühl aufrechtzuerhalten, wird es stets sofort vergehen."

Der Morita-Therapeut mag ein wenig wie ein Moralprediger klingen, aber was er sagt, ist im Grunde nichts anderes, als was viele Leute selbst schon an sich beobachtet haben. Warum sollte man sein Leben auf ein so wackeliges, unkontrollierbares Fundament stellen wie Gefühle? Warum nicht lieber auf das *Verhalten*? Dort ist die Quelle der Stabilität im Leben zu suchen, und außerdem verhilft das Verhalten auch zu einer gewissen Kontrolle über die Gefühle.

Kehren wir noch einmal kurz zur Tätigkeit des Schreibens zurück. Nur wenige professionelle Schriftsteller werden behaupten, daß sie nur schreiben, wenn sie dazu inspiriert sind oder wenn sie „Lust dazu haben". Viele halten sich bei ihrem Schaffen an eine bestimmte Routine; sie üben Selbstdisziplin, setzen sich an die Schreibmaschine und produzieren Texte. Wenn ich gewartet hätte, bis ich in der richtigen Stimmung war, um an diesem Buch zu schreiben, wären jetzt eine Menge Seiten leer. Kurz, nachdem ich mich ans Schreiben begeben habe, kommen mir unweigerlich die verschiedensten kleinen Arbeiten in den Sinn, die ich noch erledigen könnte (Blumen gießen, ein Bild aufhängen, frischgewaschene Wäsche zusammenfalten und weglegen, unaufschiebbare Briefe schreiben), Erinnerungen an Erlebnisse in Japan, Bücher, die ich gekauft habe und noch lesen müßte. Jetzt dringen auch noch die faszinierenden Geräusche des Stadtlebens zum Fenster herein. Ablenkungen aus der zeitgebundenen Welt draußen und der zeitlosen Welt drinnen pulsieren durch den Strom meiner Gedanken. Ich kann nicht warten, bis mein Geist vollkommen still und bereit zum Schreiben ist. Ich kann es nicht aufschieben, bis vollkommene Stille eingekehrt ist, ideales Licht herrscht, alle anderen Aufgaben erfüllt sind und die Eingebungen in mir nur so aufblitzen.

Mein augenblickliches Ziel heißt Schreiben. Ich schreibe also. Ich werde abgelenkt, meine Gedanken schweifen ab. Mit mir zu kämpfen und zu versuchen, mich nicht ablenken zu lassen, wird mich nur noch mehr zerstreuen. Also bleibe ich bei meinem Vorsatz und schreibe weiter. Und mit Sicherheit wird es Phasen geben, in denen ich *nur schreibe*, sobald ich einmal begonnen habe, Worte zu Papier zu bringen. Die Ablenkungen fallen unbemerkt weg. Mein Bewußtsein ist völlig vom Schreiben erfüllt. Auch das ist das Wesen der Morita-Therapie. Das Verhalten (Schreiben) ist kontrollierbar. Abschweifende Gedanken, Geräusche von draußen und Stimmungen nicht. Daß dieses Buch fertig geworden ist, ist der deutlichste Beweis dafür, daß der Mensch die Fähigkeit hat, sein Leistungsverhalten unabhängig von seinen Gefühlen zu steuern.

Wenn ich Medizinstudenten in der Morita-Therapie unterrichte, fordere ich sie auf, ein Tagebuch zu führen. Sie unterteilen das Papier in zwei Hälften. Auf der einen Seite schreiben sie auf, wonach ihnen in einem bestimmten Augenblick der Sinn stand, ihre Stimmung, ihre Einfälle. Neben diese Auflistung ihrer Gedanken und Gefühle schreiben sie, was sie in jenem Augenblick tatsächlich getan haben. Die verschiedensten Gründe sprechen für die Führung eines solchen Tagebuches, aber der wichtigste Zweck ist unter anderem der, bei den Studenten ein Gespür für das Wechselspiel der Wünsche und Aktivitäten in jedem Augenblick ihres Lebens zu wecken. Später werden wir uns noch mit anderen Aspekten des Tagebuchschreibens befassen; an dieser Stelle sei nur darauf hingewiesen, daß man daraus lernen kann, wieviel im täglichen Leben unabhängig von oder sogar entgegen dem eigentlichen Bedürfnis in einem bestimmten Augenblick getan wird. Das heißt, vieles im Leben wird getan, einfach *weil es getan werden muß* – und nicht, weil einem danach zumute ist. Vieles wird automatisch getan, ohne Rücksicht auf die momentanen Gefühle. Natürlich fordert die Morita-Therapie keineswegs, daß wir unser Leben wie Automaten, ohne Rücksicht auf unsere Wünsche leben sollten – weit gefehlt. Wir sollten unser Leben einer sorgfältigen Prüfung unterziehen und jeden einzelnen Augenblick voll und ganz auskosten. Jede kleine Handlung – etwa, wie wir Treppen hinaufsteigen, eine Tür öffnen, ein Zimmer betreten oder uns die Hände waschen – sollte absichtsvoll und achtsam geschehen, im Einklang mit unseren tiefsten langfristigen Bedürfnissen.

Die Wahrnehmung unserer inneren Verfassung und die Sensibilisierung dafür sind Grundpfeiler der Morita-Therapie; eine solche Wahrnehmung und Sensibilität verhilft uns dazu, uns in rechter Weise von unseren höheren Interessen leiten zu lassen, statt von flüchtigen Launen und Empfindungen gebeutelt zu werden. Wenn mein Beruf Flugreisen erfordert und mir sehr daran gelegen ist, meine Arbeit gut zu tun, muß ich fliegen, trotz der Angst, die mich augenblicklich beim Betreten eines Flugzeugs oder beim Abheben und Landen überkommt. Zuerst bin ich wahrscheinlich völlig eingenommen von meiner inneren Unruhe, den schwitzenden Händen, dem Herzklopfen. Aber mit zunehmender Erfahrung wird die Angst als unumgänglich hingenommen; jetzt wird meine Aufmerksamkeit mehr gefangengenommen von meinem Reiseziel, der Suche nach meinem Sitzplatz, dem Verstauen des Handgepäcks, dem Hervorholen von Schreibzeug und Lesestoff für die Reise, dem Kennenlernen meines Nachbarn usw. Einige dieser Aktivitäten machen Mühe, sie erfordern Selbstbeherrschung (aber auch dadurch wird kein Versuch unternommen, direkt gegen die Angst anzugehen), doch mit der Zeit mindern sie das Unbehagen und wandeln es unter Umständen sogar in Genuß. Sollte die Angst wieder in mein Bewußtsein dringen, habe ich in meinem Verhaltensrepertoire verschiedene Möglichkeiten, mich wieder in die Gewalt zu bekommen.

Shinkeishitsu

Die Morita-Therapie ist besonders wirkungsvoll bei einer Art von Neurose, die *Shinkeishitsu* genannt wird. Menschen, die unter Shinkeishitsu leiden, klagen über verschiedene Beschwerden, die von Schüchternheit, Schlaflosigkeit und Impotenz über Schwäche und Schwindelgefühle bis hin zu Schreibkrämpfen, Konzentrationsschwäche oder allgemeiner Unruhe reichen können. Auch Ängste gehören dazu, darunter die Angst, Fehler zu machen, die Angst, anderen Menschen in die Augen zu blicken, die Angst, aus dem Haus zu gehen usw.

Die Shinkeishitsu-Neurose soll folgendermaßen entstehen: Infolge sowohl ererbter Faktoren als auch situationsbedingter Lernerfahrungen entwickeln manche Menschen eine introversive Nervosität, die Morita als „hypochondrischen Grundton" bezeichnete, eine Art Grundzug, der ihr Selbstbild und ihre Weltanschauung färbt. Auslöser für die Neurose braucht nicht unbedingt ein so tiefgreifendes Erlebnis zu sein wie eine unglückliche Liebe oder eine nichtbestandene Prüfung. Oft genügen kleine Streßfaktoren, wie sie jedem aus dem gesellschaftlichen Leben bekannt sind, um die Symptome auszulösen. Zum Beispiel entwickelte ein Patient aufgrund der natürlichen körperlichen Auswirkungen eines ausgedehnten heißen Bades Erstickungsängste; bei einem anderen wuchs, nachdem ihm ein Freund gesagt hatte, er sähe gut aus, die Angst zu erröten. Solche unbedeutenden alltäglichen Phänomene können viele Symptome aktivieren. Offenbar hat der Patient die Tendenz, in extremer Form auf derlei Reize zu reagieren.

Wir müssen allerdings klar unterscheiden zwischen dem tatsächlichen Erröten in aller Öffentlichkeit, das nichts Ungewöhnliches ist, und der bloßen *Angst* vor einem Erröten in aller Öffentlichkeit. Nur wenn sich ein Mensch Sorgen macht, womöglich zu erröten, und das zu verhindern sucht, wird sein Leiden als Shinkeishitsu-Neurose eingestuft. Der typische Shinkeishitsu-Patient gilt als scheu und nervös, aber auch als Mensch mit einem starken Willen und ehrgeizigen Zielen sowie als jemand, dem daran gelegen ist, anderen keine Schwierigkeiten zu machen. Er gibt sich nicht damit zufrieden, einfach mit seiner Störung zu leben (ob es sich nun um Erröten, Fehlermachen, Kopfschmerzen oder etwas anderes handelt). Sie bedrückt ihn. Er hat das zwingende Bedürfnis, besser zu sein als andere, der Gesellschaft von Nutzen zu sein und ein erfolgreiches, gesundes Leben zu führen. Er ist von dem besessen, was Morita „eine starke Lebenskraft" nennt. Wenn er seine introversiven Mängel mit seinen hohen Zielen vergleicht, ist er fortwährend unzufrieden mit sich. Solche Neurotiker erreichen oft einen hohen Grad der persönlichen oder beruflichen Bildung.

Während man annimmt, daß einer Entwicklung dieser Art von Neurose der hypochondrische Grundton zugrunde liegt, geht man weiter davon aus, daß es der psychologische Mechanismus einer „antagonistischen Geistestätigkeit" ist, der die Symptome hervorruft. Gemeint ist damit einfach, daß jemand, der sich ängstlich auf ein geistiges oder körperliches Problem konzentriert, sensibler dafür wird. Diese gesteigerte Sensibilität führt zu noch stärkerer Konzentration auf das betreffende

Problem, und so geht es in einem wahren Teufelskreis weiter. Die Aufmerksamkeit des Patienten wird von dem Problem „gefangengenommen" (jap. *toraware*) und darauf „fixiert". Hier ein Beispiel: Ein Schüler bereitet sich aufs Abitur vor. Vor Schlafmangel überkommt ihn an seinem Schreibtisch immer häufiger Müdigkeit. Er fängt an, sich Sorgen zu machen, ob er die Prüfung bestehen oder durchfallen wird, und hat große Schwierigkeiten, weiterzulernen. Er meint, die Anflüge von Müdigkeit sowie die störenden Gedanken kraft seines Willens vertreiben zu können. Deshalb beginnt er sich darauf zu konzentrieren, wie er diese leidigen Erscheinungen loswerden kann. Er versucht, die Müdigkeit dadurch zu vertreiben, daß er sich ein paar Tage Ruhe gönnt, aber wie lange er auch im Bett bleibt, er kommt nicht zur Ruhe. Er versucht, seine Sorgen um die Prüfung zu verscheuchen, indem er Sport treibt und ins Kino geht, aber sie lasten weiter auf ihm. Je mehr er mit sich selbst ringt, um so größer wird sein Problem. Je öfter er vor seinen Symptomen die Flucht ergreift, um so schneller holen sie ihn ein. Schließlich sucht er einen Psychiater auf.

Im folgenden einige Charakteristika dieser Patienten: Sie sind grundsätzlich sensibel; sie reagieren auf ein auslösendes Erlebnis, indem sie mit Willenskraft darüber hinwegzukommen suchen; sie vergleichen das, was ist, mit dem, was werden soll, und konzentrieren sich auf das letztere; sie geraten in den Teufelskreis von Konzentration und Sensibilisierung; aus ihrer subjektiven Sicht der Dinge heraus übertreiben sie bei der Beschreibung von Symptomen wie Schlaflosigkeit, Appetitmangel, Verstopfung usw.; sie mögen nicht gesellig sein, sind jedoch auch nicht menschenfeindlich gesonnen; sie sind intellektuell voll funktionsfähig und auch in ihrem Gefühl nicht beeinträchtigt. Viele von uns werden solche Phänomene aus eigener Erfahrung kennen.

Auf den folgenden Seiten sind die Fallgeschichten von drei Patienten, die unter einer Shinkeishitsu-Neurose leiden, nach deren eigenen Tagebuchaufzeichnungen bei der Morita-Therapie wiedergegeben und mit kurzen erklärenden Kommentaren versehen.

Fallbeispiele

Fall 1: ein 17jähriger Gymnasiast. Dieser Patient klagte in erster Linie über das Unvermögen, sich unbefangen mit anderen unterhalten zu können, Zerstreutheit, Schlaflosigkeit, starke Minderwertigkeitsgefühle und schnelles Ermüdetsein.

Tagebucheinleitung: „Ich bin von Natur aus nervös. Wie ich gehört habe, bin ich als Baby schon beim geringsten Geräusch in Geschrei ausgebrochen. Seit meiner Kindheit habe ich schwer unter einem Gefühl der Isolation, unter Demütigungen und Verdächtigungen zu Hause und in der Schule gelitten. Schon als Jugendlicher hatte ich viele der Symptome und Charakterfehler. Jetzt leide ich unter Menschenscheu, Leistungsschwäche, Schüchternheit, Angst, Schlaflosigkeit, Erschöpfung sowie hartnäckigen Beschwerden wie Mythophobie (Angst vor Lügen), Pathophobie (Angst vor Leiden), Minderwertigkeitsgefühlen, Konzentrationsschwierigkeiten, Ticks, Gliederzittern und Schreckhaftigkeit bei unerwarteten Geräuschen. Ist jemandem wie mir wirklich durch die Morita-Therapie zu helfen? Wenn sie mir Erleichterung brächte, wäre das ein Wunder."

1. Tag nach der strikten Bettruhe: „Ich habe zum ersten Mal das Bett verlassen. Aber alle hier sind mir so fremd, und ich kann nicht klar denken. Als meine Symptome wie gewöhnlich in Erscheinung traten, habe ich mir allein in meinem Zimmer darüber Sorgen gemacht. Nach dem Mittagessen habe ich mich allmählich an die Gesichter der anderen gewöhnt, ein paar Leute kennengelernt und ein wenig gearbeitet. Aber ich hatte Angst vor ihren Augen, wie vorher. Obwohl der Doktor in seinem Vortrag gesagt hat, es wäre nicht nötig, ein bedeutender Mensch zu sein, habe ich doch den aufrichtigen Wunsch, bedeutend zu sein. Selbst jetzt habe ich vor, meine Neurose durch die Morita-Therapie zu überwinden, um danach meine Persönlichkeit durch Zen oder Yoga zu verbessern. Doch ich fürchte, dieser Vorsatz ist falsch. Offensichtlich trete ich, sobald ich in einer Gruppe bin, mit den anderen in einen Wettstreit. Worauf habe ich mich bloß eingelassen! Außerdem: Wie werde ich wohl handwerklich zurechtkommen, wo ich doch so ungeschickt bin? In dem Fall wird meine Arbeit bestimmt wertlos sein. Ich habe überhaupt kein Selbstvertrauen. Aber der heutige Tag hat auch etwas gebracht: Dadurch daß ich nicht weggerannt bin, habe ich bis zum Abend freundliche Kontakte zu fast allen Leuten hier knüpfen können."

7. Tag: „Dies ist die qualvollste Zeit für mich. Ich muß um jeden Preis durchhalten und weiter voranschreiten. Ich bin ein so widersprüchliches Wesen. Ich bin in einem Kreis gefangen und kann mich keinen Zoll regen. Letzte Nacht habe ich geträumt, ich hätte mich im Netz einer Riesenspinne verfangen. Die Spinne kam zu mir und sagte: 'Es

hat keinen Zweck, sich freikämpfen zu wollen. Du kannst nicht fliehen.' Der Traum spiegelt meine derzeitige Gemütsverfassung wider.
Jetzt fange ich langsam an, auch die schönen Seiten von allem zu
sehen. Wenn ich tue, was der Doktor sagt, werde ich auf jeden Fall
etwas davon haben, sei es auch noch so gering. Ich werde den Dingen
ihren Lauf lassen."

33. Tag: „Ich habe den Ölofen gefüllt. Da ich es zum ersten Mal
gemacht habe, konnte ich es nicht so gut. Als ich fertig war, hatte ich
ölbeschmutzte Hände. Habe für die Vögel gesorgt. Heute ist ein Sittich
aus dem Ei geschlüpft, zwei Tage verspätet. Als nächstes habe ich im
Garten gearbeitet. Gelesen. Tischtennis gespielt. Dann habe ich meine
Mutter zur Bahnstation gebracht. Ich habe meine Uhr zur Reparatur bei
einem Uhrmacher abgegeben. Obgleich es mich Überwindung gekostet
hat, den Laden zu betreten, öffnete ich schließlich doch trotz meiner
Besorgnis die Tür. Nach dem Abendessen hat mich Herr A. besucht, ein
ehemaliger Patient von hier, und wir sind zusammen nach Shinjuku
gefahren, um Bücher zu kaufen und eine Kleinigkeit zu essen. Ich war
erfreut, Herrn A. wiederzusehen – seine Entlassung scheint schon so
lange her zu sein. Ich war am Anfang etwas gehemmt, aber dann ging
alles gut. Später habe ich meine Uhr beim Uhrmacher abgeholt. Dann
lieferte ich ein Buch ab, das ich einer Mitpatientin zu leihen verspro-
chen hatte. Sie war mit anderen Frauen zusammen in der Krankenhaus-
Werkstatt.

Ich habe größte Sehnsucht danach, geachtet und geliebt zu werden,
ein Hauptmerkmal meiner Menschenscheu. Nach der Morita-Therapie
sollte ich diese große Sehnsucht erkennen und akzeptieren und sie mir
lieber zunutze machen, statt mich auf meine Leiden zu konzentrieren.
Aber ich fürchte, ich werde passiv, stumpfsinnig und oberflächlich,
wenn ich das tue."

48. Tag: „Heute werde ich mein Tagebuch in der Klinik abschließen.
Ich bin sehr bewegt. Allmählich bin ich dahintergekommen, was das
Wort *Arugamama* (das Akzeptieren seiner selbst, seiner Symptome und
der Wirklichkeit so, wie sie sind, wörtlich: 'wie es ist') bedeutet. Ganz
gleich, welche Ideale, Ideen und Gefühle ich haben mag, es ist von
größter Wichtigkeit, die Realität zu akzeptieren. Im Grunde kann ich
gar nicht anders, als mich auf die Wirklichkeit einzustellen. So gesehen
bin ich dankbar, ein menschenscheuer Patient gewesen zu sein. Ich bin
einen Schritt vorwärtsgekommen, und jetzt will ich immer weiter voran.

Alles in allem dämmert es mir langsam, daß diese Neurose eine Art Sprungbrett war, das mich in die Lage versetzt hat, mich zu entwickeln. Ich möchte mich gern ganz verstehen und mein Wissen dann praktisch nutzen. Da ich dank der Morita-Therapie mein Leben gemeistert habe, bin ich mir jetzt meines wahren Selbst bewußt geworden. Ich finde es erfreulich, daß mein wahres Selbst eher groß als minderwertig ist. Ich danke Ihnen von Herzen für Ihre umfassenden Anweisungen."

Fall 2: ein 19jähriger Student. Diese Tagebuchaufzeichnung ist, ebenso wie die darauffolgende, einem Artikel von Dr. Yoshiyuku Koga entlehnt (1967). Die eingeklammerten Sätze sind Kommentare, die der Therapeut dem Patienten ins Tagebuch geschrieben hat, oder kurze Erläuterungen des Verfassers. Dieser junge Student litt unter Herzklopfen und der tiefen Angst vor dem Sterben.

1. Tag nach der Bettruhe: „Es ist langweilig, Spinnweben zu entfernen. [Wir arbeiten nicht zu unserem Vergnügen.] Während ich Spinnweben entfernte, wurde mir klar, daß ich Patient bin, und mir sank der Mut. Ich dachte, ich wäre viel lieber ein tapferer Spion als ein schwächlicher Patient." [Sie werden hier nicht wie ein Patient behandelt. Sie bekommen keine Medikamente und müssen arbeiten. Wie kommen Sie bloß darauf, lieber ein Spion sein zu wollen, obwohl Sie wahrscheinlich gar nicht wissen, was ein Spion ist?]

2. Tag: „In seinem Vortrag diesen Morgen hat uns der Doktor von einem Patienten erzählt, der nicht gut schlafen kann, weil ihn das Ticken der Uhr stört. Auch ich war entsetzt, als ich letzte Nacht die Uhr ganz dicht an meinem Ohr ticken hörte, und ein wenig beunruhigt. Ich erinnerte mich noch, daß ich mehrmals aufstand, um die Uhr anzuhalten, weil sie mir den Schlaf raubte. Dann sagte ich mir: 'Ich werde heute nicht einschlafen können.' Aber ich sagte mir auch: 'Es soll mir egal sein, ob ich heute nicht einschlafen kann, denn ich habe schon über eine Woche lang gut geschlafen' und angefangen, das Ticken der Uhr zu zählen. Beim Zählen muß ich eingeschlafen sein, denn es war Morgen, als ich wieder zu mir kam. Ich war hocherfreut, als ich diesen Morgen aufgewacht bin. Ich habe einen großen Fortschritt erzielt. Ich habe gelernt, was es wert ist, den Dingen ihren natürlichen Lauf zu lassen." [Es ist genauso verkehrt, sich darüber zu freuen, daß man gut geschlafen hat, wie sich darüber zu grämen, nicht gut geschlafen zu

haben. Es gibt Nächte, in denen man schlafen kann, und es gibt Nächte, in denen man nicht schlafen kann. So ist das Leben.]

„Der Doktor sagt, wir sind keine Patienten. Aber ist Neurasthenie nicht eine Krankheit, durch die die Nerven geschwächt werden? Wie dem auch sei, er versucht uns zu heilen, indem er uns wieder auf die eigenen Füße stellt. Will er mit seiner Methode beweisen, daß meine Nerven gar nicht schwach sind? [Ihren Nerven fehlt nichts. Sie glauben fälschlicherweise, Ihre Nerven seien schwach, und darum sind sie krank. Wenn ein Mensch durcheinander ist, kommen sein System und seine Nerven ebenfalls durcheinander, sie geraten aus dem Gleichgewicht und funktionieren ganz anders als bei einem Menschen, der ruhig und normal ist. Aber dieser Zustand ist keine Krankheit. Wenn Sie ihre Gemütsruhe wiedergewonnen haben und merken, daß Sie einen Denkfehler machen, werden Sie zur Normalität zurückkehren. Überrascht oder verwirrt zu sein ist nicht dasselbe wie krank zu sein.]

Mit 'es der Natur überlassen' meine ich, 'nicht zu versuchen, vor etwas zu fliehen, was einem unangenehm ist'. Wäre es ein 'Fluchtversuch', wenn ich mit etwas leben wollte, was mir 'unangenehm' ist? [Hier irren Sie sich. Sie gehen von der irrigen Annahme aus, durch Ihre Willensanstrengung vor etwas fliehen zu können, was Ihnen unangenehm ist. Sie sollten nicht vor etwas zu fliehen versuchen, vor dem Sie nicht zu fliehen brauchen. Sie lassen es einfach so, wie es ist, Sie bleiben einfach so, wie Sie sind. Darin üben Sie sich bei uns, denn das ist der Normalzustand. Wenn bei Ihnen ein Feuer ausbricht, dann sollten Sie fliehen. Wir werden Sie nie darin üben, bei Ausbruch eines Feuers da zu bleiben, wo Sie gerade sind. Immun wird man nur durch eine vorbeugende Impfung wie etwa eine Typhusimpfung. Etwas Unangenehmes zu tolerieren ist dem Tolerieren einer solchen Typhusimpfung vergleichbar, auch wenn sie weh tut. Wenn Sie etwas, das Ihnen unangenehm ist, auf diese Weise tolerieren, werden Sie geistig dagegen immun. Sobald Sie diese geistige Immunität erlangt haben, werden Sie keine innere Unruhe oder Angst mehr empfinden, wenn Sie gezwungen sind, sich mit etwas Ihnen Unangenehmem auseinanderzusetzen. Sie werden keine Angst von der Art mehr haben, die Sie noch beschlich, als Sie von alledem nichts wußten. Sie werden im Verlauf dieses Prozesses weiser werden.]

Am Morgen habe ich mit dem Doktor zusammen ein Bad genommen. Ich konnte heute ganz in der Wanne untertauchen, und bei näherer

Überlegung war es das erste Mal, das ich es konnte, soweit ich mich erinnern kann. Es war eigentlich gar nichts dabei, aber ich hatte die Befürchtung, es könnte etwas passieren. Jetzt habe ich vor, jeden Tag ein Bad zu nehmen und die Angst einfach so zu lassen, wie sie ist. Ich arbeitete den Vormittag über im Garten und wurde müde dabei. Mehrmals schnürte mir ein bedrückendes Gefühl die Brust ein, aber ich arbeitete weiter und ließ das Gefühl, wie es war. Bisher hatte ich mir immer eingeredet, dieser Druck auf der Brust dürfte nicht sein, da doch alles bei mir in Ordnung war, mein EKG zeigte keinerlei Störungen an, und der Facharzt hatte mir gesagt, ich sei vollkommen gesund. Ich fragte mich immer, warum ich wohl diesen Druck spürte, wenn es keinen Grund dafür gab. Inzwischen glaube ich, daß all das die Angst verursacht hat, von der ich mich hier ausruhen wollte. Mir ging es diesen Morgen nicht besonders gut. Was für ein unglücklicher Zufall, ausgerechnet an einem solchen Tag zu einem gemeinsamen Bad aufgefordert zu werden! Mir lag nicht viel an einem Bad, und ich wollte eigentlich gar nicht, aber ich ließ mich trotzdem darauf ein, weil die Anweisung dazu von einem Doktor kam, dem ich mich anvertraut hatte. Er sagte, er würde mit mir zusammen ein Bad nehmen, und schon allein wegen dieses Entgegenkommens konnte ich nicht gut ablehnen. Aber ich habe immer noch ab und zu dieses bedrückende Gefühl, wenn ich arbeite. Ich spüre es sogar dann, wenn ich gar nichts tue. Also habe ich es eben, ganz gleich, in welcher Verfassung ich bin. Wenn es da ist, will ich versuchen, diese Qual ganz auszukosten, um herauszufinden, wie sie ist. Das waren meine Empfindungen, als ich heute morgen ein Bad nahm. Einerseits war ich verzweifelt, und andererseits war es wie eine 'Prüfung' für mich, die ich bestehen wollte, indem ich dem Doktor vertraute.

Als ich mir diese Einstellung zu eigen machte, war ich in der Lage, meine Qual so auszukosten wie einen Kunstgenuß. Sie kam mir höchst seltsam vor, aber ich war angenehm überrascht. [Diese Geisteshaltung ist der eines Menschen in Aufregung oder Verwirrung diametral entgegengesetzt. Wenn Sie mit sich zufrieden sind, merken Sie, daß das, was Sie für ein Gespenst hielten, in Wirklichkeit nichts anderes als eine dahinwelkende Pflanze ist. Sie werden darüber lachen, daß Sie ins Haus gerannt sind und vergessen haben, die Wäsche von der Leine zu nehmen, nur weil Sie sich vor dem vermeintlichen Gespenst fürchteten.]

Dennoch macht mir gegenwärtig immer noch eines Sorgen. Ich frage mich, wie und warum dieser Druck auf meiner Brust entsteht. Rührt er von einer körperlichen Veränderung her? Ist er krankhaft? Ist er etwas, das die moderne Medizin noch nicht im Griff hat? Diese Sorge zermürbt mich. Die Angst will offenbar nicht vergehen." [Es ist wichtig, diese Sorge, diese Angst zu lassen, wie sie ist. Sie sollten nicht versuchen, sie loszuwerden. Diese Art von Angst verhilft dazu, gegebenenfalls eine Krankheit früh zu erkennen und Katastrophen zu verhindern, die durch eine zu späte Behandlung eintreten könnten.]

5. Tag: „Mein Befinden hat sich erheblich verbessert. Da ich unbedingt zur Schule gehen sollte, ging ich. Ich hatte das Gefühl, mit dem Kopf über den Wolken zu schweben, und hatte den ganzen Weg vom Krankenhaus bis zur nahegelegenen Bahnstation den Druck auf der Brust. Im Zug bedrängten mich die gleichen Sorgen und Ängste wie vor meinem Krankenhausaufenthalt. Mir war ein paar Mal so, als würde ich, von Angst überwältigt, umfallen.

Doch heute war ich, anders als früher, gemütsmäßig offenbar im Zustand des *Arugamama* und habe die Wirklichkeit so akzeptiert, wie sie ist.

Ich ging bei der Bank vorbei. Sie lag nicht weit vom Weg ab. Als ich in die Bank hineinging, spürte ich, wie mir aus einem Bein alle Kraft wich. Aber ich ging trotzdem langsam weiter. Ich beobachtete mich selbst genau und sagte mir, daß ich noch immer alles sah und noch kein Klingeln in den Ohren hatte. All die Ängste und Qualen verschwanden bald, nachdem ich mich ein Weilchen auf einem Sitzplatz in der Bank ausgeruht hatte. Aufgrund all dieser Erfahrungen bin ich weiterhin fest davon überzeugt, daß ich von Qualen, wie ich sie im Zug oder beim Gehen erlebt habe, nie gänzlich verschont bleiben werde. [Mit dieser Vermutung haben Sie recht. Ängste treten auf, wenn sie auftreten; sie verschwinden wieder, wenn sie wieder verschwinden. Sie sollten unter allen Umständen den Versuch aufgeben, sie selber zum Verschwinden zu bringen. Besorgtsein und Beruhigtsein existieren im Leben Seite an Seite. So ist das Leben.]

Wenn die Ängste nicht von selbst vergehen, kann man nichts machen, nehme ich an. Wenn das der Fall ist, will ich sie akzeptieren. Ich will sie akzeptieren, weil frühere Erfahrungen mir gezeigt haben, daß ich dadurch weder umfalle noch sterbe. [Sie machen große Fortschritte.]

Ein Junge kommt jeden Morgen zur Therapie in dieses Krankenhaus, und abends geht er wieder. Er kommt jeden Tag und bringt sich sein Mittagessen mit. Er kann nicht im Krankenhaus bleiben, weil er das Geld dafür nicht hat, wie ich hörte. Ich war sehr froh, in der Lage zu sein, meine Krankenhausrechnung bezahlen zu können. Ich hoffe, er wird bald wieder gesund, obwohl das eigentlich nichts mit mir zu tun hat. Der Arzt, der diesen Beruf ausübt, ist ein glücklicher Mensch. Ich bedauere, nicht Medizin studiert zu haben."

6. Tag: „In seinem Vormittagsvortrag sprach der Doktor über Aberglauben. Ich bin der Meinung, daß es immer noch besser ist, abergläubisch zu sein, als an überhaupt keinen Gott zu glauben. Ein Patient, der seine Krankheit Gott befehlen kann und daran glaubt, geheilt zu werden, ist ein glücklicher Mensch. Ich bin sicher, daß er schneller genesen wird als andere." [Das ist falsch. Sie irren sich gewaltig, wenn Sie das gedacht haben. Wahres Glück liegt nicht in einem Zustand begründet, in dem es keine Ängste und Qualen gibt. Am schnellsten erholt man sich von einer Krankheit, wenn man zuerst einmal die richtige Einstellung hat. Da Aberglaube das rechte Verstehen verhindert, wäre es reine Glücksache, wenn er helfen würde, die Erkrankung schnell zu heilen.]

7. Tag: „Eine Woche ist vergangen, seit ich das Bett verlassen habe. Diese letzte Woche war eine Woche voller Wunder für mich. Wie sehr hat sich doch mein Denken geändert! Ich will von jetzt ab noch mehr Neues lernen. Ich will es aber nicht mit dem Kopf lernen. Ich will es mir mit meinen Händen und Füßen, mit meinem ganzen Körper aneignen. Es gibt keinen Platz auf der Erde außer diesem Krankenhaus, wo man lernt, Wissen mit seinem ganzen Körper aufzunehmen. Danach werde ich die Denk- und Sichtweise, die ich mir bis dahin zu eigen gemacht habe, in die Tat umsetzen.

Das Leben, das ich heute führe, ist im Vergleich zu dem Leben, das ich vor meinem Krankenhausaufenthalt geführt habe, viel lebendiger. Ich habe über ein Kilogramm zugenommen, seit ich in der Klinik bin. Diesen Abend habe ich drei Schalen Reis gegessen. Ich war total satt und habe meinen Gürtel weitergeschnallt."

15. Tag: „Heute bin ich zur Schule gegangen. Mein Befinden war nicht viel anders als vor zehn Tagen. Ich war erschöpft, als ich endlich all den notwendigen Papierkram für meine Rückkehr zur Schule erledigt hatte. Ich schwebte mit dem Kopf über den Wolken. Auf der

Heimfahrt mit dem Zug war ich so entspannt, daß ich ein wenig einnickte." [Sie sollten sich darüber im klaren sein, daß ihr Einnicken während der Zugfahrt nach Hause eine ganz andere Wirklichkeit ist als die, die Sie zuvor erlebt haben. Aber Sie sollten sich auch klarmachen, daß es einem japanischen Studenten nicht gut ansteht, im Zug einzuschlafen.]

17. Tag: „Ehe ich im Krankenhaus Aufnahme fand, machte ich mir Sorgen über meine Neurose, über das Schweregefühl in meinem Kopf und das Herzklopfen. Jetzt habe ich die Neurose weggeschoben und dafür Angst vor Krebs und Tetanus. Es stimmt mich traurig, denken zu müssen, daß ich von einer Sorge in die andere gerate." [Das wird Ihnen helfen, sich noch mehr Wissen anzueignen, das Ihrer Selbsterhaltung dient.]

19. Tag: „Der Doktor hat einmal gesagt, 'wir sollten dankbar sein für unsere Sorgen, da sie uns davon abhalten könnten, Fehler zu machen'. Nichts ist zutreffender. Welche Sorgen würde ich mir machen, wenn mir statt dessen gesagt würde, ich solle mich nicht um so belanglose Dinge sorgen! Anscheinend vermeiden wir wirklich Fehler, wenn wir unsere Sorgen so nehmen, wie sie sind. [Sie haben recht. Sie machen Fortschritte.]

Letzten Abend hat der Doktor zu mir gesagt: 'Nehmen wir zusammen ein Bad.' Als ich das hörte, habe ich geantwortet: 'Ich will heute abend kein Bad nehmen, denn ich habe hohes Fieber, 39 Grad.' Als er das hörte, sagte der Doktor: 'Was? Das kann nicht sein. Sie meinen 37,9 Grad, nicht wahr?' Er sah mir besorgt in die Augen. Ich war nie glücklicher. Bis dahin hatte ich immer das Empfinden, als ließen unsere Beschwerden den Doktor ziemlich kalt. Aber als ich merkte, daß er aufrichtig besorgt um uns ist, überkam mich tiefste Dankbarkeit. Ich ließ mir die Temperatur messen, und sie lag bei 36,5 Grad. Der Doktor schalt mich aus und sagte, ein Mensch, der sich nichts dabei denkt, aus rein egoistischen Gründen anderen Sorgen zu machen, könne nicht die Achtung und Liebe anderer gewinnen. Ich bereute, was ich gesagt hatte, und bat ihn um Entschuldigung."

24. Tag: „Ich habe gelernt, eine Säge richtig zu benutzen. Ich denke daran, ein wenig zu zimmern, wenn ich wieder zu Hause bin. Ich bin vom Krankenhaus weg Holz einkaufen gegangen. Ich war etwas müde, aber das hat mich nicht im geringsten bekümmert. Etwas Wichtiges, das ich hier gelernt habe, ist, 'mit allem achtsam umzugehen', was immer es

auch sei. Das war etwas, das mir fehlte. Man kann aus allem das Beste herausholen, je nachdem, wie man es benutzt."

46. Tag: „Am Nachmittag habe ich ein wenig geschrieben, um meine Eindrücke festzuhalten. Ich glaube, das, was ich hier gelernt habe, wird mir einmal nützlich sein, wenn ich im späteren Leben Artikel schreibe.

Danach würde ich gern über 'den Menschen' schreiben. Man könnte sagen, daß ich gegenwärtig mein Bestes tue, um alles über den Menschen zu erfahren. Wie ich vermute, werde ich eines Tages über die Morita-Therapie schreiben. Allein der Gedanke daran macht mich glücklich. Das wird eines der wichtigen Vorhaben in meinem Leben sein, im Leben eines Mannes, der nicht Arzt werden kann." [Wohl ein ehrgeiziger Traum, was?]

52. Tag: „Ich habe den Elritzen frisches Wasser gegeben. Als ich kaltes Wasser in das inzwischen lauwarm gewordene goß, kamen die Elritzen nach oben geschwommen. Offenbar freuten sie sich über das kalte Wasser. Für diejenigen, die an innerer Unruhe leiden, ist die Lehre des Doktors wie dieses erfrischende Wasser. Ich bin auf diese Weise gerettet worden.

Wir haben dieser Tage viel zu tun. Heute habe ich gearbeitet und dabei meine Hände und Füße total schmutzig gemacht. Wir haben uns angeschaut, gelacht und gesagt, wir hätten uns wohl als Kinder nicht richtig gewaschen. Ich will wieder studieren. Ich will etwas tun. Von jetzt ab will ich vor keiner Arbeit mehr weglaufen. Ich will sie in Angriff nehmen. Ich weiß, daß ich das tun sollte." (Koga, 1967, S. 87-92.)

Fall 3: ein 27jähriger kaufmännischer Angestellter. Dieser Mann besaß einen akademischen Grad von einer privaten Universität. Er litt unter Betzwang, Angst vor Unvollkommenheit, Angst davor, Fehler zu machen, und Angst davor, nicht mit Leichtigkeit lesen zu können.

Etwa drei Jahre vor seinem Klinikaufenthalt wurde er in eine arbeitsintensive Abteilung seines Büros versetzt. Er fing an, sich Sorgen darüber zu machen, ob er beim Addieren von Rechnungen wohl die Zahlen alle richtig gelesen und ob er nicht in irgendwelchen Unterlagen einen Eintrag vergessen hatte. Vor Arbeitsbeginn betete er darum, seine Aufgaben korrekt und perfekt erledigen zu können. Er gewöhnte sich an, eine Arbeit noch einmal zu machen, wenn er sie nicht genau seinen Wünschen entsprechend getan hatte. Beim Lesen eines Buches wollte er stets sichergehen, daß er auch alles erfaßt und behalten hatte, was er las, und diese ständige Selbstprüfung führte zu einer starken Leseschwäche. Seine Arbeitsleistung verschlechterte sich derart, daß er seine Aufgaben selbst durch Überstunden nicht mehr erfüllen konnte und es sich deshalb zur Gewohnheit machte, die Arbeit mit nach Hause zu nehmen. Dann pflegte er bis ein oder zwei Uhr nachts aufzubleiben, um die mitgebrachte Arbeit zu erledigen, so daß er natürlich nicht mehr seine normale Anzahl von Stunden schlafen konnte. Der viel zu kurze Schlaf setzte seine Leistungsfähigkeit noch weiter herab und zwang ihn schließlich, sich krank schreiben zu lassen.

1. Tag nach der Bettruhe: „Ich träumte gerade in meinem Zimmer vor mich hin, als der Doktor hereinkam und mich aufforderte, die Fenster in der Küche zu putzen. Ich fühlte mich gut, als die Fenster nach dem Putzen blitzblank waren. Jedesmal, wenn ich eine Arbeit erledige, betrachte ich mir das Resultat und stelle fest, ob es gut geworden ist oder nicht, ehe ich die nächste Aufgabe übernehme. Ohne diese 'Bestätigung' komme ich nicht in die Stimmung, zur nächsten Arbeit überzugehen. Sonst beschleicht mich Angst, und dann habe ich für den Rest des Tages ein Gefühl der Atemnot." [Sie sollten sich der nächsten Aufgabe zuwenden, sei es mit dem Gefühl der Angst oder mit dem Gefühl der Atemnot. Nehmen Sie die als nächste anstehende Arbeit in Angriff, auch wenn Sie nicht in der Stimmung sind. Sie sollten nicht auf irgendein bestimmtes Gefühl des Zutrauens warten, ehe Sie sich an eine Arbeit begeben. Allerdings ist es wichtig, daß Sie sich genau ansehen, was Sie geleistet haben, um festzustellen, ob Sie es gut gemacht haben oder ob es Mängel gibt. Aber Sie sollten das Resultat nicht aus lauter Selbstgefälligkeit gleich zwei- oder dreimal überprüfen. Begnügen Sie sich mit einer Gesamtprüfung.]

2. Tag: „Diesen Morgen bin ich ziemlich spät aufgestanden, weil mich fröstelte und ich leichtes Kopfweh hatte. Dann habe ich mit Herrn Abe den Krankenwagen gewaschen. Es lief heute nicht so glatt, wie es sollte, wahrscheinlich, weil ich gerne wieder ein Gefühl der Selbstbestätigung gehabt hätte. Ich frage mich, ob ich wohl je genesen werde." [Vorläufig sollten Sie die Arbeit so tun, wie Sie meinen, Sie tun zu müssen, selbst wenn Sie sich ungeschickt dabei vorkommen.]

3. Tag: „Heute mußte ich mich um den Herd kümmern. Als ich in der Küchenspüle einen eisernen Topf reinigte, in dem Reis gekocht wird,

sagte mir die Frau des Doktors, ich solle den Topf auf ein altes umgekehrtes Becken stellen. Ich wunderte mich, warum sie das sagte, bis mir klar wurde, daß damit verhindert wurde, daß der Topfboden direkt mit dem Spülbecken in Berührung kam und die Kacheln ruinierte. Den Kopf voller Sorgen, wäre mir so etwas im Traum nicht eingefallen. Mir ist jedoch inzwischen bewußt geworden, daß der Sorgfalt oder der rechten Art von Achtsamkeit keine Grenzen gesetzt sind. Dieses Tagebuch ist mir vor kurzem zurückgegeben worden. Ich hatte Angst, die Kommentare zu lesen, aber zugleich macht es auch Spaß, sie zu lesen. Als ich Feuerholz hackte, habe ich im Garten einen großen Stein kaputtgemacht. Ich habe das Holz auf dem Stein gehackt. Ich dachte nicht, daß der Stein kaputtgehen würde, aber ich habe nicht richtig achtgegeben.“

5. Tag: „Ich habe anläßlich einer heute stattfindenden Versammlung einer Gruppe ehemaliger Shinkeishitsu-Patienten das Besuchszimmer geputzt. Die Menge Staub, die aus dem Teppich kam, setzte mich in Erstaunen. Während ich den Raum putzte, erfuhr ich etwas über zwei Pflanzen, den Philodendron und die Berberitze. Ich war überrascht, wie wenig ich über Pflanzen und Tiere wußte. [Je größer das Erstaunen, um so besser für Sie. Entdeckungen sind die Motivationskraft des Fortschritts.]

Am Nachmittag habe ich vorgeschlagen, aufgrund meiner Erfahrungen anderntags ein Holzgitter für die Küchenspüle anzufertigen. Ich machte mich sofort ans Werk. Ich nahm eine alte Apfelkiste als Material und bearbeitete sie, ungeschickt wie eh und je. Vor meinem Krankenhausaufenthalt hätte ich mich nicht an ein solches neues Unterfangen gewagt, ohne mich vorher in die richtige Geistesverfassung dafür zu bringen. Diese Einstellung hatte ich beim Studieren, Lesen, beim Arbeiten und Ausruhen, in Gesellschaft von Freunden oder auch bei einem Kinobesuch, denn ich hatte mir eingeredet, nur dann das meiste aus diesen Aktivitäten herausholen zu können, wenn ich mich gemütsmäßig darauf eingestimmt hatte. Aber da das Leben immer komplexer und betriebsamer wird, habe ich wohl kaum noch genug Zeit, um diese Vorkehrungen zu treffen. Die Sache dauert einfach zu lange. Ich will meine Einstellung an einem Beispiel deutlich machen. Ich habe geraucht, nicht weil ich das Rauchen genossen hätte, sondern weil ich meinte, mich damit am besten auf die nächste zu erledigende Aufgabe vorzubereiten.

Aber in Wirklichkeit ist es so, daß ich, je mehr ich versuche, meine Leistungsfähigkeit durch diese Rituale zu steigern, um so schlechtere Leistungen erziele. Und schließlich komme ich an den Punkt, wo ich nicht einmal mehr einen einzigen Schritt vorwärts in irgendeine Richtung tun kann." [Sie haben versucht, die natürlichen Regungen Ihres Geistes selber zu steuern. Sie gehen gegen die Natur an und müssen die Folgen ertragen. Sie sind in die Grube gefallen, die Ihnen Ihre egozentrische Persönlichkeit gegraben hat. Dabei fällt mir die Geschichte von dem Mann ein, dessen größtes Elend schließlich zuviel Gold war, obwohl er zu Anfang selbst gewünscht hatte, daß alles, was er berührte, zu Gold würde.]

„Beim Blättern durch ein Buch stieß ich auf den Fall eines Mannes, der unter einem krankhaften Betzwang stand. Als ich davon las, konnte ich mir lebhaft ausmalen, wie sich dieser Patient von seinen Qualen erholte und sein Studium wiederaufnahm. Ich merkte, wie mir Tränen in die Augen stiegen. Ich war fast fertig mit Lesen, als mir einfiel, daß ich noch keine Erlaubnis hatte, zu lesen." [Solange Sie auf etwas anderes konzentriert sind, können Sie nicht mit Leichtigkeit arbeiten oder Bücher lesen. Die beste Art, mit Gewinn zu lesen, ist die, etwas zu lesen, was Sie interessiert.]

10. Tag: „Bei dem gestrigen Ehemaligen-Treffen sagte der Doktor in seiner Rede, wenn ein Mensch sein Kreuz auf sich nähme, würde Gott ihm das Kreuz von den Schultern nehmen. Ich bin in mein neues Leben eingetreten mit dem Gelöbnis, einen Neuanfang zum Besseren zu machen, aber es hat nur lauter Qualen und Spannungen gegeben. Ich bin körperlich und geistig erschöpft. Liegt das daran, daß ich mich davor gedrückt habe, mein Kreuz auf mich zu nehmen?" [Es zeugt nicht gerade von Bescheidenheit und Einfachheit, immer nach Schönheit zu suchen oder Erfolge anzustreben. Durch Abhängigkeit von den äußeren Umständen trübt oder verwirrt sich unser Geist. Nur wenn Sie von Ihrem verdorbenen Geist und Ihrem verwirrten Denken so, wie sie nun einmal sind, zu Ihrer eigenen Besserung Gebrauch machen, können Sie sagen, daß Sie Ihr Kreuz tragen. Sich nur so zu verhalten oder so zu handeln, wie es das Herz begehrt, ist reine Selbstsucht.]

15. Tag: „Heute morgen hat der Doktor in seinem Vortrag gesagt, ein Shinkeishitsu-Mensch sei nicht allein gierig, sondern habe darüber hinaus auch eine sehr kurzsichtige Anschauungsweise. Er sagte, ein Mensch, der nicht einmal das, was um ihn herum vorgeht, richtig sieht,

sei ein hoffnungsloser Fall. Er sagte ferner, wir sollten, obwohl wir dazu neigten, insbesondere die mit unseren Beschwerden zusammenhängenden Mängel und Fehler vor anderen zu übertreiben, uns darüber klar werden, daß wir im Grunde noch viel mehr Fehler und Defekte haben, als uns bewußt ist."

22. Tag: „In seinem Vortrag diesen Morgen hat der Doktor gesagt, daß Arbeit in Wirklichkeit bedeutet, anderen zu dienen. Dienen heißt, anderen Annehmlichkeiten zu verschaffen. Das ist der wahre Geist des Dienens. Bei der Arbeit sollten wir nicht nur unseren Mitmenschen dienen, sondern auch Dingen. Dingen dienen wir, wenn wir den besten Gebrauch von ihnen machen, uns ihnen mit ungeteilter Aufmerksamkeit widmen und unsere selbstsüchtigen Regungen zurückstellen. Wenn wir eine Arbeit tun, sollten wir nicht darauf hoffen, Vergnügen oder Freude dabei zu empfinden, sondern versuchen, sie unter den gegebenen Umständen so gut wie möglich auszuführen. Und der Doktor sagte uns noch, daß der wahre Geist des Dienens in dem Bemühen liege, alle Dinge zum Wohle anderer möglichst reibungslos zu gestalten, ohne zu erwarten, Vergnügen und Freude daran zu finden. Wir können unsere Arbeit nicht gut machen, wenn wir sie in der Hoffnung tun, daß andere dann gut von uns denken, oder mit dem Wunsch, Geld damit zu verdienen oder einen Gewinn zu erzielen. Nur wenn wir versuchen, die Arbeit gut auszuführen, indem wir unsere Gefühle eine Zeitlang zurückstellen, wird uns die Arbeit leicht von der Hand gehen. Und wenn sie das tut, erzielen wir unter Umständen auch einen Gewinn, denken andere deswegen vielleicht gut von uns. Die Arbeit, die wir hier im Krankenhaus tun, sollte mit dieser Einstellung in Angriff genommen werden.

Wir arbeiten hier nicht, weil wir hoffen, unsere Shinkeishitsu durch Arbeit heilen zu können oder weil der Doktor dann gut von uns denken würde. Wir säubern den Garten, weil es nötig ist. Wir ziehen einen Nagel heraus, weil ein hervorspringender Nagel eine Gefahr darstellt. Wir werden belehrt, daß es wichtig ist, die tägliche Arbeit hier zum Nutzen anderer zu tun. Ein Mensch mit der krankhaften Angst, Fehler zu machen, hofft inbrünstig, seine Arbeit gut zu tun, weil er untröstlich ist, wenn er merkt, daß er einen Fehler gemacht hat. Warum wünscht er sich so verzweifelt, gut zu arbeiten? Weil er anerkannt oder wegen seiner Leistungen geschätzt werden will. Er sollte sich jedoch klarmachen, daß keine unmittelbare Beziehung zwischen der Arbeit und

einem damit verbundenen Gefühl der Freude oder des Mißmuts
besteht. Seine Gefühle sollten ihn nicht weiter bekümmern, solange
seine Arbeit Fortschritte macht.

Aber ein Mensch mit der krankhaften Angst, Fehler zu begehen, dient
nur seinen Gefühlen. Der Doktor hat gesagt, solch ein Mensch arbeite
nur zu seiner eigenen Befriedigung. Ein Mensch mit der krankhaften
Angst, unvollkommen zu sein, kann nicht freudig arbeiten, weil er sich
immer um Fehler sorgt, ob er nun rechnet oder ob er Schecks verbucht.
Er wird immer hoffen, die Arbeit unablässig mit frischen Kräften tun zu
können, ohne dabei zu ermüden. Mit anderen Worten: Er wird bei seiner Arbeit stets auf seine Empfindungen fixiert sein, statt die Arbeit als
Arbeit in Angriff zu nehmen. Dabei sollte er einfach seine Aufgabe
erfüllen, indem er Gefühle und Empfindungen eben so sein läßt, wie
sie sind, und die Resultate so gut, wie es innerhalb der zugemessenen
Zeit möglich ist, überprüfen. Dann besteht die reale Chance, Aufgaben
auszuführen.

Das habe ich gelernt, als ich dem Vortrag des Doktors zuhörte. Beim
Zuhören hatte ich ein Gefühl, als wäre der ganze Nebel in meinem
Kopf verflogen. Ich glaube, es hat sich gelohnt, hier in der Klinik zu
sein, und sei es nur wegen der Erfahrung, die ich heute gemacht habe.
Heute habe ich entdeckt, daß ich 60 Kilogramm wiege. Ich bin glück-
lich.

Bevor ich ins Krankenhaus kam, hatte ich noch die Hoffnung, als völlig anderer Mensch entlassen zu werden – als Mensch, der sein Leben
genießen könnte, nachdem alle früheren Ängste dahingeschmolzen
wären. Mir wurde jedoch klar, daß diese Art von radikaler Verwand-
lung unmöglich ist. Inzwischen habe ich begriffen, daß mein gegenwär-
tiges Selbst mein wahres Selbst ist; ich bin, was ich bin." [Ihr jetziges
Denken unterscheidet sich drastisch von Ihrem Denken vor dem Krankenhausaufenthalt. Sie sind an Leib und Seele gewachsen. Ihnen ist
inzwischen klargeworden, daß es nicht guttut, etwas Unmögliches in
etwas Mögliches verwandeln zu wollen, wenn Sie die Unmöglichkeit
einmal eingesehen haben. Man könnte sagen, Sie haben die Weisheit
gewonnen, zu merken, daß es einen Unterschied gibt zwischen der
idealen und der realen Welt.]

35. Tag: „Gestern morgen, als ich in meinem Zimmer gründlich über
die Kommentare zu meinen Tagebucheintragungen nachdachte, kam
der Doktor herein und sagte, die Pflaumenbäume ständen in voller

Blüte. Als ich das hörte, war ich verblüfft. Ich habe jeden Tag aus dem Fenster in den Garten geschaut und nicht gesehen, daß darin ein Pflaumenbaum stand, geschweige denn in voller Blüte. Welch ein Narr war ich doch, so etwas Schönes nicht bemerkt zu haben! Ich dachte traurig, daß ich wohl noch weit von meiner Genesung entfernt sei." [Ihre Verblüffung ist das, was wir den „ersten unbefangenen Eindruck" nennen. Das ist die erste Reaktion eines Menschen auf einen Sinnesreiz. Die nächste Reaktion ist das klare Erkennen des Reizes. Die dritte Reaktion wäre in diesem Fall die unbefangene Wertschätzung der Schönheit. Wenn Ihnen nur der Gedanke kam, Sie seien wohl noch weit von Ihrer Genesung entfernt, liegt das daran, daß Sie habsüchtig und verdorben sind.]

37. Tag: „He, du Shinkeishitsu du! Bis jetzt habe ich dich nicht gemocht, dich gehaßt. Ich habe dich gemieden, ich habe versucht, dir auszuweichen, ich wollte dich loswerden. Aber je mehr ich mich darum bemühte, um so stärker hast du dich an mich geklammert. Jeder Tag war ein einziger Kampf mit dir. Ich habe mir einen schlauen Trick ausgedacht. Ich bin auf die Idee gekommen, daß die beste Art, mit dieser Situation fertig zu werden, die ist, dich zu heiraten, Shinkeishitsu. Ich heirate dich nicht, weil ich dich liebe. Ich habe beschlossen, dich zu heiraten, weil ich zu dem Schluß gekommen bin, daß ich dich nicht loswerde. Wenn ich dich angreife, verliere ich; wenn ich dir einen Hieb verpasse, schlägst du mich nieder. Du bist wie ein Golfball an einem Gummiband. Wenn ich einen kräftigen Schlag gegen dich führe, schlägst du ebenso kräftig zurück. Daher habe ich beschlossen, dich zu heiraten. Es ist eine reine Zweckehe. Aber jetzt, wo ich mit dir verheiratet bin, will ich versuchen, mit dir zusammenzuleben und auszukommen, denn anders zu handeln wäre Untreue, an der ich zugrunde gehen würde."

51. Tag: „In seinem gestrigen Vortrag hat der Doktor uns erklärt, was bei einer Neurose Heilung bedeutet. Was er sagte, paßte so genau zu meinem Zustand, daß ich ein Gefühl hatte, als könnte er mit seinen scharfen Augen meine Gedanken lesen. Außerdem war seine Erklärung sehr ausführlich und auf den Punkt genau. Bei Moritas Shinkeishitsu sind die Symptome eine Folge der psychologischen Habgier des Patienten. Sie sind bloß Scheinsymptome und keine echten Anomalien – sie haben ihre Ursache in seinem verkehrten Selbstbild. Es ist nichts Krankes oder Abnormes an Psyche oder Körper des Patienten. Da die Ursa-

che der Symptome eine überstarke 'Lebensgier' ist, ist es unmöglich, die Symptome zu heilen oder zum Abklingen zu bringen.

Wir könnten sie auch gar nicht zum Verschwinden bringen, selbst wenn wir es versuchten. Ob die Symptome da sind oder nicht, hat wenig zu tun mit dem eigentlichen Wesen der Erkrankung. Die Symptome sind wie eine dahinwelkende Pflanze, die ein verwirrter Geist für ein Gespenst hält. Deshalb wird der Patient, wenn er sich erst beruhigt hat, die welkende Pflanze als Pflanze erkennen und nicht länger an Gespenster glauben. Ungeachtet der Symptome sollte der Patient nach Möglichkeit sein Bestes tun, um jeden Tag das zu leisten, was ihm aufgetragen ist, und die Symptome, sofern sie sich zeigen, lassen, wie sie sind. Der Doktor erklärte ferner, daß sich die Heilung beim Patienten als Zustand äußert, in dem er fähig ist, das zu tun, was sein Geist ihm befiehlt, ungeachtet irgendwelcher Symptome und ohne sich von diesen beeinflussen zu lassen.

Er sagte auch, daß ein Patient als geheilt gilt, wenn er aufgehört hat, nach Mitteln und Wegen zu suchen, sich von seinen Symptomen zu befreien und von seinen Beschwerden geheilt zu werden."

57. Tag: „Der heutige Vortrag handelte von den Symptomen des Shinkeishitsu. Der Doktor führte mehrere westliche Theorien über die Neurose an, und darum war sein Vortrag für mich sehr interessant. Er sagte, daß Shinkeishitsu nach Professor Morita eine bestimmte Veranlagung der Persönlichkeit sei.

Der Doktor sagte weiter, daß die Morita-Therapie bei der Behandlung von Shinkeishitsu sehr wirkungsvoll sei, bei anderen Formen der Neurose jedoch nicht so effektiv ist. Bei Zwangsneurosen, sagte er, würde diese Behandlung am besten greifen, während sie bei zwanghaftem Verhalten, das durch eine willensschwache Persönlichkeit begründet ist, kaum etwas bewirkt. Je stärker die 'Lebensgier' – das Verlangen, sich in der Gesellschaft hervorzutun, ein langes Leben zu genießen, glücklich und geliebt zu sein usw. – ist, um so eher ist offenbar vom Patienten eine Reaktion zu erwarten. Er sagte, Milieufaktoren, die der Erkrankung angeblich Vorschub leisteten, seien nur Auslöser und hätten daher kaum Auswirkungen auf die Krankheit als solche. Wie er sagte, ist es gut für einen Menschen, frustriert zu sein, denn je größer die Frustration ist, desto größer wird die 'Lebensgier'. Ich begriff, daß ein Mensch ohne Frustration ein hoffnungsloser Fall ist, auch wenn viele das Frustriertsein heutzutage als Neurosenursache ansehen."

60. Tag: „Wenn ich selbst eine Diagnose über mich stellte, würde ich sagen, daß ich vollkommen geheilt bin. Um es mit den Worten Momozo Kuratas (eines Schriftstellers, der unter Shinkeishitsu litt) auszudrücken: 'Ich bin geheilt, ohne geheilt zu sein.' Ich kann diese Zustände, die ich für Symptome gehalten habe, noch immer genau bestimmen. Das wird auch erwartet, denn sie sind Ausdruck jener Sorgen und Ängste, die ich habe, um mein Bedürfnis nach einem erfüllten Leben zu befriedigen.

Durch diese Sorgen und Ängste bereite ich mich gründlich auf die tägliche Arbeit vor, die ich bewältigen muß. Sie bewahren mich davor, achtlos zu sein. Sie drücken meinen Wunsch aus, zu wachsen und mich zu entwickeln. Solange meine 'Lebensgier' brennt, werden auch immer Rauchschwaden in Form verschiedener Symptome da sein. Alles, was ich jetzt tun muß, ist, weiterzumachen und all meine Symptome zu lassen, wie sie sind." (Koga, 1967, S. 92-98.)

Der Autor als Patient

Die Aufzeichnungen von meiner eigenen Woche strikter Bettruhe habe ich bereits früher in diesem Kapitel wiedergegeben. Nach dieser Zeit habe ich auf Einladung der Morita-Therapeuten unter den Patienten und Expatienten gelebt und gearbeitet, um einen Eindruck von ihren Ansichten über die Behandlung zu gewinnen.

Ich habe, um es gleich offen zu sagen, die Prinzipien und Methoden, die innerhalb dieser japanischen Therapieform gelehrt wurden, sowohl privat wie auch beruflich als nützlich für mich befunden. Das will ich näher erläutern. Es ist nicht ungewöhnlich, bei dem Versuch, sich dem Lebensstil einer fremden Kultur anzupassen, in innere Konflikte zu geraten. Viele Anthropologen, Entwicklungshelfer, Missionare, Geschäftsleute, Studenten und andere, die für längere Zeit ins Ausland gegangen sind, haben die manchmal amüsanten, oft jedoch auch schwierigen Probleme geschildert, die mit dem kulturellen Schock verbunden sind.

Auch ich habe verschiedene heikle Situationen erlebt. Zunächst hatte ich in wichtigen Bereichen Sprachschwierigkeiten. Die unpersönlichen und formellen Floskeln der Sprache, die ich gelernt hatte, unterschieden sich so stark von den familiären Wendungen und Höflichkeitsformen der Umgangssprache, daß ich vieles von dem, was ich hörte, gar nicht verstehen konnte. Ich aß bereitwillig die erlesenen Gerichte der

Landesküche, aber mein Magen rebellierte dagegen, er grollte und knurrte in einer allseits verständlichen Sprache. Die Fahrten in überfüllten Verkehrsmitteln, die lange Arbeitszeit und das Klima zehrten an meinen Kräften.

Am meisten litt ich jedoch unter den gesellschaftlichen Zwängen, und daran waren wohl kaum nur die Sprachprobleme schuld. Ich machte den Japanern in vieler Hinsicht mehr Schwierigkeiten als ein Kind. Von einem Kind wird nicht erwartet, daß es die Sitten kennt und beherzigt. Ein Erwachsener hingegen muß täglich seinen Sachverstand unter Beweis stellen, um sich sein Selbstwertgefühl und sein Selbstvertrauen zu erhalten. Einmal habe ich vor lauter Aufregung einen Tatami-Raum mit Schuhen betreten – ein grober Schnitzer. Ich hatte große Mühe, eine längere Unterhaltung durchzustehen, und täuschte manchmal vor, verstanden zu haben, worum es ging, um daraufhin in noch größere Schwierigkeiten zu geraten. Um den Weg von einer Klinik in die andere zu finden, brauchte ich ausführliche Erklärungen und genaue Stadtpläne. Eine Wohnung für mich zu finden, die richtige medizinische Behandlung für meinen ramponierten Körper zu erhalten und alles Lebensnotwendige zusammenzubekommen – alles, was in meinem Heimatland glatt, ja fast automatisch läuft, erforderte in den ersten Monaten meines Aufenthaltes in Japan Zeit und angestrengte Konzentration.

Diese Erfahrungen erteilten dem Selbstbewußtsein des damals noch jungen Doktoranden, der die Morita-Therapie erforschen wollte, ziemlich kräftige Schläge. Ich hatte eigentlich überhaupt keine Zeit für diese lästigen Dinge, aber ich konnte sie auch nicht einfach ignorieren. Ein leichter Verfolgungswahn stellte sich bei mir ein, und ich fragte mich, ob das Lächeln und leise Gespräch von fremden Menschen im Zug oder von Psychiatern in der Klinik wohl der Tolpatschigkeit des seltsamen bärtigen Ausländers gelte, nämlich mir. Ich wollte einen guten Eindruck machen, als vorbildliches Exemplar der Gattung Amerikaner auftreten, anderen so wenig Schwierigkeiten machen wie möglich. Und da stand ich nun, nichts weniger als vollkommen, kämpfte mich durchs tägliche Leben und versuchte unter großen Schwierigkeiten, gute und beweiskräftige Fakten für meine Dissertation zusammenzutragen.

Mit der Zeit bekamen die Ideen Moritas nicht nur einen wissenschaftlichen Wert für mich, sondern darüber hinaus auch einen Erfahrungswert. Ich sah auf einmal, daß mein Wunsch, von anderen geschätzt zu werden, gelegentlich meine Aufmerksamkeit für die vor mir liegende Forschungsarbeit schmälerte. Ich nahm mir meine Unvollkommenheit, meine gesellschaftlichen Fehler und meine Unwissenheit nicht mehr so zu Herzen, gab mich ans Lernen und ging ganz im Lernen auf. Der innere Druck ließ erheblich nach, als ich meinen Mangel an Zutrauen, meine Verlegenheit und Dummheit einfach akzeptierte und trotzdem mit dem weitermachte, was getan werden mußte. Das Leben wurde nicht sogleich zum Kinderspiel; aber eine andere Art von innerem Vertrauen erfüllte mich zunehmend, die nicht auf meiner Erwartung beruhte, all meine Vorhaben möchten sich gut und lobenswert entwickeln, sondern vielmehr auf der Erkenntnis, daß ich, wie immer sie sich auch gestalten mochten, in meinem Streben nicht nachlassen würde.

Ich glaube, die Morita-Therapie hat mich nicht zuletzt bis zu einem gewissen Grad von dem Zwang befreit, in der Gesellschaft ein bestimmtes Bild abgeben und andere beeindrucken zu müssen. Ich wurde ständig daran erinnert, mich auf das zu konzentrieren, worauf es wirklich ankam, auf das, was ich in dem betreffenden Augenblick gerade tat. Vielleicht war es nicht die Therapie, sondern nur der Zeitpunkt und die Situation. Vielleicht sind diese Einsichten eine ganz natürliche Begleiterscheinung des Weiterwachsens. Wie dem auch sei, auf jeden Fall braucht das Wachsen nicht aufzuhören.

Der Autor als Therapeut

Professor Morita hat seine Therapie eine Art Umerziehung genannt. Speziell in diesem Fall ist die Grenze zwischen Heilen und Lehren verschwommen. In Japan habe ich Patienten und Patientengruppen Vorträge gehalten, Tagebucheintragungen kommentiert, für Morita-Zeitschriften geschrieben und mehrere Ausflüge und Freizeiten verantwortlich mitgeleitet. Lehre und Lebenshilfe verschmolzen miteinander.

An dieser Stelle wäre es vielleicht angebracht, einmal meine Beratungs- und Therapeutentätigkeit während der letzten Jahre in den Vereinigten Staaten zu schildern. Wir haben zweimal jährlich an der medizinischen Fakultät der Universität von Südkalifornien Seminare über die Morita-Therapie abgehalten. Die offiziellen Kurse beliefen sich normalerweise auf zwei Stunden pro Woche über einen Zeitraum von sechs Wochen hinweg. Neben den festgesetzten Vorlesungen und den Lektüreaufgaben haben wir Therapie-Situationen im Rollenspiel nachgestellt, Gruppendiskussionen mit Patienten veranstaltet, die mit Morita-

Methoden behandelt wurden, Konzentrationsübungen geleitet und Tagebücher geschrieben.

Selbstverständlich werden Therapeuten, die diese Therapie-Methode einmal ausprobieren wollen, auch über eine Frist von sechs Wochen hinaus betreut. Der Bericht von der erfolgreichen Behandlung eines westlichen Patienten mit der Morita-Therapie (des ersten Patienten, der in einer öffentlichen Psychiatrie-Klinik in Los Angeles so behandelt wurde) ist nachzulesen bei Reynolds und Moacanin: *Eastern Therapy: Western Patient* (1977).

Tagebuch-Kommentare

Ein wichtiges Element der Morita-Therapie, das auch bei westlichen Klienten gut angewendet werden kann, ist die Kommentierung von Tagebucheintragungen. Es folgen redigierte Tagebuchaufzeichnungen meiner Seminarteilnehmer, meine Kommentare dazu im Morita-Stil sowie eine kurze Erläuterung der Kommentare.

Eintrag: Saß im Seminar und versuchte, interessiert zu sein.

Kommentar: Zeitverschwendung. Wenn Sie interessiert sind, sind Sie's; wenn nicht, sind Sie's nicht. Sie können selbst bestimmen, wohin Ihre Augen wandern, ob Sie sich Notizen machen, ob Sie aufrecht sitzen usw. Dann stellt sich manchmal das Interesse von selbst ein.

Erläuterung: Die Energie muß auf solche Verhaltensweisen hingelenkt werden, die wir selbst bestimmen können. Die Aufmerksamkeit läßt sich indirekt durch das beeinflussen, was wir selbst tun.

Eintrag: Nach dem Essen war ich sehr müde, als ich an all das dachte, was ich am Abend tun sollte. Überlegte mir, daß es besser wäre, früh zu Bett zu gehen.

Kommentar: Schlaf kann sowohl Flucht als auch Erholung sein. Bei Bedarf werden Sie schlafen.

Erläuterung: Eine bessere Taktik, statt über die Vielzahl von Aufgaben nachzugrübeln, wäre die, mit einer Aufgabe anzufangen, irgendeiner, dann zur nächsten überzugehen und wieder zur nächsten, bis das Schlafbedürfnis übermächtig geworden ist. Eine Flucht in den Schlaf hat nur zur Folge, daß beim Erwachen am anderen Morgen dieselben unerledigten Aufgaben vor einem liegen.

Eintrag: Die Hoffnung, Anerkennung zu finden (meine eigene und die des Professors, weil ich mehrere Aufgaben bewältigt habe) steckt mir ein unmittelbares Ziel und verheißt mir Belohnung.

Kommentar: Was ist, wenn niemand Ihre Arbeit überhaupt bemerkt? Was ist, wenn Ihre Pflanzen eingehen? Was ist, wenn die Schränke, die Sie gebaut haben, mit Ihrer Wohnung niederbrennen? Können Sie nicht das Bewußtsein, in jedem Augenblick das, was nötig war, unabhängig vom Ergebnis (über das Sie unter Umständen nicht die mindeste Kontrolle haben) getan zu haben, zur Grundlage Ihres Charakters machen?

Erläuterung: Hierin liegt der Hauptunterschied zwischen der Morita-Therapie und Verhaltenstherapien. Nur in dem, was wir tun, finden wir laut Morita einen Sinn und die existentielle Befriedigung, nicht unbedingt im Ergebnis oder Resultat unseres Handelns. Ein Ergebnis, das sich unserer Kontrolle entzieht, beeinflußt uns zwar sicherlich, aber wesentlicher ist, daß es wieder eine neue Lebenssituation mit sich bringt, die von uns eine angemessene Reaktion und gesammelte Aufmerksamkeit verlangt.

Eintrag: Mir fällt auf, daß ich das Tagebuchschreiben vielleicht deswegen vernachlässigt habe, weil ich wirklich recht unglücklich war und es mir leichter fiel, diese Tatsache zu ignorieren, statt die unguten Gefühle des Tages auch noch eins nach dem anderen aufzuschreiben.

Kommentar: Ist es irgendwie „besser", glücklich zu sein? Wünschenswerter, über gute Gefühle nachzudenken und zu schreiben? Sie können lernen, mit den Gefühlen des Glücks, des Unglücks und des Gleichmuts umzugehen, wenn Sie Ihr Leben nach dem bewerten, was Sie in jedem einzelnen Augenblick leisten.

Erläuterung Häufig kommt es bei Menschen, die einen Großteil der Zeit über unglücklich sind, zu Schuldgefühlen. Es scheint so, als hätten sie eine gewisse gesellschaftliche Norm von Glücksgefühlen, die jedem zustehen, nicht erfüllt. Aus der Sicht des Morita-Therapeuten sind sie am Leben und ihrem Dasein vorbeigegangen. Unglücklichsein gibt es nur, wenn man darüber nachdenkt, darauf achtet und sich um eines Phantoms des Selbst willen vom Strom des Lebens abschnürt.

Eintrag: Ich habe mich gefragt, ob meine Ausdauer trotz solcher Apathie ein Zeichen der Selbstbeherrschung oder zwanghafter Neigungen war. Ich bin zu dem Schluß gekommen, daß es an dem Punkt ziemlich egal ist, da ich die Arbeit ohnehin fortsetzen würde.

Kommentar: Gut! Wenn Sie entschieden hätten, daß es ein Zeichen von dem einen, dem anderen oder beidem war, wie hätte das dazu geführt, daß die Arbeit getan wird? Herumzusitzen und zu grübeln könnte am Ende sogar die Fertigstellung hinauszögern. Warum sind wir so verzweifelt darauf aus, etwas verstandesmäßig zu wissen und einordnen zu können?

Erläuterung: Verstandesmäßiges Wissen („Kopflastigkeit") kann einem erfüllten Leben im Wege stehen. Wenn die Selbstprüfung bis zu dem Punkt voranschreitet, an dem sie den Strom der gesammelten Konzentration auf das *Jetzt* unterbricht, wird sie zur Belastung. Manchmal *ist* die bevorstehende Aufgabe die Selbstprüfung, dann wird sie entsprechend bewältigt. Dieser junge Arzt wußte, daß Selbstprüfung und -einstufung in diesem Fall sinnlos waren und ließ davon ab.

Eintrag: Meine Stimmung heiterte sich auf, als ich die Sonne bemerkte und die Wärme so früh am Tag.

Kommentar: Manchmal ist es sonnig, manchmal bewölkt. Können Sie nicht gleich gut leben, ob der Tag sonnig oder trübe ist?

Erläuterung: Auch angenehme, freudige Empfindungen sind vergänglich. Man mag diese Gefühle angenehm finden und akzeptieren, aber das Ziel bleibt dennoch, sich durch sein unmittelbares Tun dem Leben zu verbinden.

Eintrag: Ich habe mich körperlich unwohl gefühlt, aber begriffen, daß ich mich betätigen muß. Bin gelaufen und geschwommen.

Kommentar: Wächst nicht meistens beim Schwimmen oder Laufen die Lust dazu? Tun Sie beides mit voller Anteilnahme.

Erläuterung: Diese Eintragung zeugt davon, daß Moritas Ideen gut verstanden wurden. Ohne darauf zu warten, in die Stimmung zum Schwimmen oder Laufen zu kommen, hat dieser Teilnehmer die Notwendigkeit erkannt, sich zu betätigen, und danach gehandelt.

Eintrag: Ich bin dem Lauf des Wassers gefolgt und fühle mich voller Leben.

Kommentar: Dieses Gefühl wird verfliegen, wie alle anderen auch. Wenn Sie nicht voller Leben sind, wenn Sie den Lauf des Wassers gar nicht spüren, sind Sie dann immer noch in der Lage, konstruktiv zu leben und mit gesammelter Konzentration zu handeln?

Erläuterung: Es zeugt von Reife, sowohl in schlechten als auch in guten Zeiten konstruktiv zu leben. Dieser Kommentar betont, wie wichtig es ist, das Leben um seiner selbst willen zu leben, statt den eigenen Gemütszustand in den Mittelpunkt zu stellen.

Eintrag: Den ganzen Tag habe ich schon lauter Pläne im Kopf. Sie sind alle unsinnig, aber trotzdem da.

Kommentar: Sie meinen, das *dürfe eigentlich nicht sein,* und deshalb sind Sie deprimiert. Aber es ist so!

Erläuterung: Die Morita-Therapie gibt uns keineswegs den Rat, völlig unbedacht von einem Augenblick zum andern zu leben. Andererseits ist das krampfhafte Festhalten an einem zuvor gemachten Plan angesichts einer Wirklichkeit, die diese Planung ungültig macht, Dummheit. Worum es in diesen Eintragungen aber vor allem geht, das ist nicht etwa Planung, sondern Idealismus. Die Verfasser wollten nicht wahrhaben, daß sie Pläne im Kopf hatten. Besser wäre die Taktik, die Pläne anzuerkennen und sich weiterhin der Situation entsprechend zu verhalten.

Eintrag: Ich war ein bißchen gehemmt, weil ich so wenig über die Sache wußte, und ich war unsicher, weil ich mir soviel Zeit nahm, den Kaufvertrag gründlich durchzulesen.

Kommentar: Sie hatten nur im Kopf, was der Vertreter wohl von Ihnen dachte. Der Eindruck, den er von Ihnen hat, entzieht sich Ihrer Kontrolle und ist relativ belanglos. Tun Sie, was nötig ist – und zwar so aufmerksam, daß Dinge wie diese gar keine Gelegenheit haben, Ihnen durch den Kopf zu gehen. Doch ob unsicher oder nicht, halten Sie an Ihrer Absicht fest.

Erläuterung: Hierbei handelt es sich um einen Fall von unklarer Zielsetzung. In den nächsten drei Tagebucheintragungen zeigen sich ähnliche Schwierigkeiten, das Ziel oder den Zweck einer Sache zu verstehen, diesmal den Zweck des Tagebuchschreibens.

Eintrag: ... frage mich, ob die Art und Weise, wie ich an dieses Tagebuchschreiben herangehe, dem damit verbundenen Zweck entspricht.

Kommentar: Sie machen sich Sorgen, ob es so Ihrem Professor gefällt? Tun Sie im Rahmen Ihrer Anweisungen und Ihres Verständnisses Ihr Bestes – dann brauchen Sie sich nicht zu entschuldigen. Sie haben sich in der Zielsetzung geirrt. Es ging ums Schreiben, nicht ums Gefallen.

Eintrag: Ich frage mich, ob ich mich irgendwie dem Ziel nähere, das Dr. Reynolds bei diesem Tagebuchschreiben vorschwebte.

Kommentar: Alle Zweifel sind unnötig, wenn Sie im Rahmen Ihrer Kenntnisse Ihr Bestes getan haben. Aber wenn Sie zweifeln, dann zweifeln Sie ruhig und schreiben Sie weiter!

Eintrag: Während ich hier so sitze und schreibe, frage ich mich, was mit diesem Tagebuch eigentlich bezweckt wird. Was soll ich daraus lernen? Hat es einen therapeutischen Zweck?

Kommentar: Nur, wenn Sie gelernt haben, es zu schreiben, um es zu schreiben.

Eintrag: Ich habe mich entschlossen, mir von jetzt an keine Sorgen mehr zu machen.

Kommentar: Unmöglich! Wenn Sie sich Sorgen machen, dann machen Sie sich von ganzem Herzen Sorgen. Hüten Sie Ihre Sorgen wie einen Schatz. Aber gehen Sie trotzdem ganz in einer konstruktiven Tätigkeit auf.

Eintrag: Es macht Spaß, sie anzusehen. Ihr Gesicht spiegelt die Gelassenheit wider, die ihr eigen sein muß.

Kommentar: Gesichter verbergen ebensoviel, wie sie offenbaren... vielleicht sogar mehr. Streben Sie nicht nach Gelassenheit. Sie entzieht sich Ihrem Zugriff. Streben Sie nach dem, worüber Sie Kontrolle haben, danach, immer gut zu arbeiten. Dann stellt sich vielleicht auch Gelassenheit ein.

Erläuterung: Wieder kommt es darauf an, seine ganze Energie auf Verhaltensweisen hinzulenken, die wir selbst bestimmen können.

Eintrag: Ich entschloß mich, nicht zu studieren. Ich glaube, der Entschluß war gut. Aber es fällt mir schwer, zurückzudenken und zu überlegen, wie ich eigentlich zu ihm gekommen bin.

Kommentar: Irgendwie wissen wir immer, was wir im Augenblick tun müssen. Unser Problem besteht meistens darin, das auch wirklich zu tun. Es ist nicht unbedingt nötig, mit dem Verstand zu begreifen, warum oder wie. Horchen Sie auf das Notwendige. Und handeln Sie dann umgehend.

Erläuterung: Manchmal erahne ich, woher ich weiß, was im Augenblick zu tun ist; aber oft auch nicht. Immer jedoch existiert ein Bewußtsein für die augenblickliche Aufgabe, wenn ich im Innern danach suche. Und selbst ohne dieses Bewußtsein sind meine Reaktionen auf äußere Sinnesreize häufig richtig. Wie rätselhaft und wunderbar ist doch die Zweckerfülltheit, innerhalb derer wir uns bewegen!

Eintrag: Ich habe ein paar Freunde zu mir zum Erdbeerenessen eingeladen, aber sie waren gerade auf dem Weg zu einem Konzert.

Kommentar: Die Wirklichkeit bringt auch Enttäuschungen mit sich. Der Schlüssel zu einem reifen Leben ist das, was man dann als nächstes tut.

Erläuterung: Wenn wir das Notwendige getan haben, erwarten wir vielleicht gute Ergebnisse. Aber unsere Erwartungen werden nicht immer erfüllt. So ist das Leben nun einmal: Wenn wir weitergehen zum nächsten Augenblick, liegt schon eine neue Aufgabe vor uns.

Eintrag: Ich wünschte, ich hätte mehr Humor.

Kommentar: Mit anderen Worten: Ich wäre gerne vollkommen, bin es aber nicht.

Eintrag: Mir ist klargeworden, daß ich mit vielem von dem, was ich tue, und vielem von dem, was ich Leuten sage, mir deren Beifall sichern will – sie sollen mich mögen und mich gut finden, interessant, geistreich, aufrichtig...

Kommentar: Willkommen in der menschlichen Gesellschaft.

Eintrag: Warum bin ich eigentlich ängstlich?

Kommentar: Das rational zu verstehen wird wahrscheinlich nichts nützen. Aber die Angst als Teil Ihrer selbst – und nicht als auskurierbares äußeres Symptom – zu akzeptieren, wird etwas nützen. Es wird Sie vielleicht verwundern, daß mein Hemd nach einem Vortrag, nach jedem Vortrag, völlig durchgeschwitzt ist. Das bin ich.

Erläuterung: Die letzten drei Tagebucheintragungen sind ein Beispiel für die Art von perfektionistischem Idealismus, der sowohl dem Sich-bessern-Wollen als auch dem neurotischen Grübeln zugrunde liegt: „Ich wünschte, ich wäre... ", „Wenn ich doch... ", „Warum muß ich nur... !" Die Morita-Reaktion auf solche Aussagen dürfte die Ermahnung sein, zu tun, was zweckmäßig ist, um eine Veränderung herbeizuführen, und doch die Wirklichkeit so zu akzeptieren, wie sie ist; den Idealismus hinter der betreffenden Äußerung bloßzulegen; oder einfach klarzustellen, daß Fehler, Mängel und Perfektionismus in jedermanns Lebensstrom zu Hause sind.

Eintrag: Mir fiel kaum etwas ein, worüber ich mit ihm hätte reden können, und diese Tatsache wurde mir auf einmal bewußt. Mir wurde immer unbehaglicher zumute, als ich merkte, daß er von mir erwartete, mit ihm ins Gespräch zu kommen und mich mit ihm auf eine Weise zu unterhalten, zu der ich offenbar nicht fähig war. Ich verspürte den Wunsch, er möge endlich gehen...

Kommentar: Das ist eine relativ bekannte menschliche Erfahrung. Ihre Aufmerksamkeit war hin und her gerissen zwischen Ihrem Innenleben und Ihrem Gast. Wenn Sie lernen, sich ausschließlich ihm zu widmen, wenn Sie nur noch seine Belange, seine Ideen und sein Verhalten im Sinn haben, ist für Ihr eigenes Unbehagen gar kein Platz mehr da. Eine Zeitlang „in seine Haut zu schlüpfen" wird erfrischend und belehrend auf Sie wirken. Probieren Sie's mal.

Erläuterung: Im Extremfall führt diese Form von fehlender Konzentration zu der Gehemmtheit, die der Menschenscheu zugrunde liegt, einer neurotischen Störung, die häufig in Morita-Kliniken behandelt wird.

Mit dem Tagebuchschreiben ist eine Meditationshaltung verbunden. Ich bin Radmila Moacanin zu Dank verpflichtet, die diese Wirkung bei einem ihrer Patienten beobachtet und mir mitgeteilt hat. Wenn der Patient beim Schreiben still den Tagesablauf rekapituliert, durchlebt er die Ereignisse aus der Ferne noch einmal. Dieser ungewöhnliche Blickwinkel bietet ihm die einzigartige Möglichkeit einer Prüfung und Bewertung, die er, eingebunden in das Leben von Augenblick zu Augenblick, nicht hatte. Das Überwältigende an der Erfahrung mancher Patienten tritt durch den zeitlichen Abstand des späteren Nachsinnens über die Ereignisse des Tages in den Hintergrund. Die Rückschau auf die einzelnen Erfahrungen im Tagesverlauf und den Tag in seiner Ganzheit hat eine beruhigende, klärende Wirkung. Und natürlich zwingt sie den Patienten dazu, bei seiner rückblickenden Beschäftigung mit dem Vergangenen das Morita-Verfahren zu beherzigen, das Fühlen und Denken vom Verhalten zu trennen. Wenn er dann das mit Anmerkungen versehene Tagebuch später noch einmal liest, kann er seine Eintragungen mit Hilfe der Kommentare interpretieren.

Interessant erscheint mir der Vorschlag, fortgeschrittene Klienten eigene Morita-Kommentare in ihr Tagebuch schreiben zu lassen. Nach etwa sechs Monaten sind die Anmerkungen ziemlich gut vorauszusagen. Wie stereotyp sie letztlich sind, wird deutlich, wenn man die Kommentare eines Therapeuten in mehreren Patiententagebüchern verfolgt. Die eigenen Tagebucheintragungen zu kommentieren würde ferner dazu beitragen, daß der Klient verstärkt Morita-Denkweisen in sein Alltagsleben übernimmt.

Effektivität

Eine Reihe von Untersuchungen zur Morita-Therapie geben die Rate von Patienten, die geheilt wurden oder deren Gesundheitszustand sich erheblich verbesserte, mit 90 Prozent an (Reynolds, 1976). Unsere Arbeit mit westlichen Patienten war ebenfalls recht erfolgreich, nur ist die Zahl der bisher so behandelten Patienten gering, und jede neue Therapie ist im allgemeinen zu Anfang besonders wirkungsvoll, zum Teil wegen der Begeisterung der Therapeuten. Es sei daran erinnert, daß Verbesserung des Gesundheitszustandes bei einem Morita-Patienten bedeuten kann, trotz der weiterhin vorhandenen Symptome konstruktiv zu leben. Doch für viele Patienten ist es schon ein Riesenfortschritt, überhaupt im Leben zurechtzukommen, und vielleicht kann man gar nicht mehr erhoffen.

Suzuki und Suzuki (1977), ein Vater-und-Sohn-Team, haben Fragebögen an über 1200 Patienten ausgegeben, die an ihrer Klinik über einen Zeitraum von 10 Jahren mit der Morita-Therapie behandelt wurden. Fast dreiviertel (71 Prozent) der früheren Patienten schickten die Fragebögen ausgefüllt zurück, und ihre Angaben waren bemerkenswert. Anscheinend hatte die Morita-Therapie ihren stärksten Einfluß auf das Leben und die Beschwerden dieser Patienten erst Jahre *nach Beendigung der Behandlung*. Offenbar dauert es ein bis zwei Jahre, bis die Prinzipien dieser Lebensform voll und ganz auf das normale Leben übertragen worden sind. Bei nahezu allen Patienten klangen außerdem die neurotischen Spannungen und Ängste ab oder verschwanden ganz, was zu einer Verhaltensbesserung führte.

III
Naikan:
Therapie durch Selbsterforschung

Das therapeutische Setting ist sehr einfach: Der Klient sitzt allein hinter einem zusammenklappbaren Wandschirm in einer Ecke eines großen, mit Tatami-Matten ausgelegten Raumes. Er hat gerade die Anweisung bekommen, über den Zeitraum seines Lebens zu meditieren, als er gerade die ersten Jahre zur Grundschule ging. Was hat seine Mutter für ihn getan? Was hat er für sie getan? Welchen Kummer hat er ihr gemacht? Bestimmte Ereignisse tauchen in seinem Bewußtsein auf: die Zeit, in der sie im Krankenhaus die Nacht über an seinem Bett saß; die Pfennige, die er aus ihrer Börse nahm; der Zorn, der ihn zu der Drohung veranlaßte, wegzulaufen. Diese und andere Begebenheiten bilden ein Muster, das zeigt, wieviel Gutes ihm gegeben wurde, wie wenig er zurückgegeben hat und wieviel Sorgen und Unheil er in seinem Leben über andere gebracht hat. Dankbarkeit und Schuldgefühle wallen in ihm auf, werden übermächtig und beherrschen ihn, bis er sich getrieben fühlt, hinzugehen und die untilgbare soziale Schuld zurückzuzahlen, die er der Welt gegenüber hat. Bis dahin muß er immer tiefer nachsinnen. Erleichterung verschaffen ihm bloß Geständnisse an seinen *Sensei* (Lehrer), der still dabeikniet, zuhört und die Zeiträume und Menschen bestimmt, die der Klient zum Gegenstand seiner Meditation machen soll.

Das ist *Naikan*. Von 5.30 Uhr in der Frühe bis 21 Uhr versenkt sich der Klient eine Woche lang jeden Tag in sich selbst und besinnt sich auf seine Vergangenheit. Selbst seine Mahlzeiten nimmt er für sich allein während der Meditation zu sich.

Die Selbstbetrachtung wird sorgfältig geleitet. Die Themen werden für jeden Klienten individuell ausgewählt. Die meisten Klienten erhalten allerdings die Anweisung, sich ihrer Mutter zu erinnern, erst in den Vorschuljahren, dann in den Grundschuljahren, dann in den daran anschließenden Schuljahren und weiter bis in die Gegenwart, in Sprüngen von jeweils etwa drei Jahren. Das erste Thema, „Mutter", wird in aller Regel noch mindestens ein zweites Mal vor Ablauf der Naikan-Übung aufgegriffen. Die Mutter des Klienten, sein Vater, seine Geschwister,

Lehrer, die Ehefrau, Arbeitgeber, im Grunde alle wichtigen Personen seines Lebens kommen als Gegenstand für die Naikan-Meditation in Frage. Klienten mit entsprechenden Problemen müssen sich außerdem meist noch mit Themen wie Lügen, Spielen, Trinken usw. auseinandersetzen.

Der Sensei kommt während des Tages alle ein bis zwei Stunden zum Klienten. Er verbeugt sich und berührt mit der Stirn den Fußboden, schiebt den Wandschirm beiseite, verbeugt sich erneut und fragt den Klienten, über welches Thema er gerade meditiert. Dieses Ritual soll die Bescheidenheit des Therapeuten symbolisieren, der sich damit bereitmacht, den Bekenntnissen des Klienten sein Ohr zu leihen. Der Klient reagiert in ähnlich ritualisierter Form. Er nennt die Person und den Zeitabschnitt seiner Selbsterforschung. Dann zählt er seine Erinnerungen wie folgt auf: 1. Was ihm jene Person hat zukommen lassen an Gegenständen, Diensten, Liebenswürdigkeiten usw., 2. was er diesem Menschen zurückgegeben hat und 3. für welche Schwierigkeiten, Unannehmlichkeiten, Täuschungen, Kleinlichkeiten usw. gegenüber diesem Menschen er verantwortlich ist. Im Idealfall werden ungefähr 20 Prozent der Meditationszeit jeweils mit den ersten beiden Themen verbracht und 60 Prozent mit dem dritten. Bei den meisten Klienten zeichnet sich in den Angaben bald das Muster ab, daß sie viel bekommen, wenig erwidert und der Person, über die sie nachgedacht haben, eine Menge Schwierigkeiten und Ärger gemacht haben. Dieses Muster ist „richtiges" Naikan. Selbstüberhebung oder Klagen über die Behandlung durch andere Menschen werden in diesem Rahmen als egozentrisch und unpassend eingestuft.

Nach einer Woche intensiven Naikans wird der Klient aufgefordert, seine Naikan-Übung auch zu Hause ein bis zwei Stunden täglich fortzusetzen.

Tiefinnerste Gefühle werden bei diesem Prozeß aufgerührt, insbesondere in der einwöchigen intensiven Meditationsphase. Häufig fließen die Tränen in Strömen. Eine Umstrukturierung der Vergangenheitssicht vollzieht sich beim Klienten, verbunden mit einem neuen Selbstbild und einer Neubeurteilung seiner derzeitigen sozialen Beziehungen. Die Neuinterpretation der Vergangenheit hat im Naikan eine Schlüsselfunktion. Die Vergangenheit selbst liegt fest, sie läßt sich nicht verändern; die Traumata und Fehlschläge meines bisherigen Lebens sind nicht ungeschehen zu machen. Aber ich kann meine Erinnerungen umgestalten und meiner Kindheit und meinen Erwachsenenjahren einen neuen Sinn geben. Naikan bietet einem den Rahmen und die Methode, die Vergangenheit in einem anderen Licht zu sehen.

Wenn ich meine Vergangenheit aus der Naikan-Perspektive richtig verstanden habe, kann mein im Grunde lauteres Selbst, das im Laufe meiner Entwicklung verdreht und verzerrt worden ist, in Erscheinung treten. Doch dazu später mehr.

Die meisten Klienten durchlaufen in der Meditationswoche verschiedene Stadien (Takeuchi, 1965; Kitsuse, 1964). Anfängliche Konzentrationsschwierigkeiten und eine gewisse Bitterkeit bei der Besinnung auf wichtige Mitmenschen weichen beim „Hervortreten des wahren Selbst", das begleitet wird von Reue, Schuldgefühlen und Trauer über die Art und Weise, wie er, der Klient, seine Lieben behandelt hat. Der Klient möchte am liebsten sterben; er spielt vielleicht wirklich mit dem Gedanken an Selbstmord.

Das nächste Stadium wird eingeleitet durch den Hinweis des Sensei, die anderen hätten den Klienten ja doch trotz seiner Unempfindlichkeit und Unfreundlichkeit geliebt und umsorgt. Wenn der Klient das einsieht, empfindet er Reue und verspürt den starken Wunsch, den anderen zu dienen und seine Schuld abzutragen. Die Motivation dafür entstammt der Dankbarkeit, die in seinem Innern aufwallt. Dann stellt sich Freude ein, bekommt das Leben einen neuen Sinn und Zweck. Dem Leser wird aufgefallen sein, daß diese Stadien einen mehrfachen Wechsel anzeigen zwischen einer Wendung nach innen, auf sich selbst zu, und einer Wendung nach außen, auf andere zu. Ein derartiger Wechsel spielt in mehreren der stillen Therapien eine Rolle.

In der Praxis ist der Therapeut nicht nur passiver Zuhörer. Er interpretiert und formuliert die Angaben des Klienten mit Naikan-Begriffen neu. Er lenkt den Klienten von einer abstrakten oder ungenauen Wiedergabe seiner Erinnerungen an vergangene Ereignisse oder persönliche Leiden in eine andere Richtung ab mit dem Ziel, konkrete Feststellungen zu bestimmten persönlichen Erfahrungen aus einer Naikan-Perspektive heraus zu erhalten.

Ein japanischer Klient, der sich am Naikan-Hauptzentrum in Nara einer Naikan-Therapie unterziehen will, bringt eine Spende von 20.000 Yen (etwa 150 DM) mit und bekommt dafür Unterkunft und Verpflegung für eine Woche. Wer diese Summe nicht aufbringen kann, braucht nichts zu bezahlen.

Auch Freiwillige aus Gefängnissen und Jugendstrafanstalten, die Naikan üben wollen, werden kostenlos unterwiesen. Strafgefangene praktizieren die Naikan-Therapie vor den leeren Wänden ihrer Zelle.

Die Theorie

Nach der Naikan-Theorie werden die Beziehungen eines Menschen zu anderen Menschen in der Gesellschaft stark durch sein Verhältnis zu seinen Eltern, besonders zu seiner Mutter, beeinflußt. Wenn die Liebe und Fürsorge der Mutter als angenehm empfunden wird, werden ähnliche Zuwendungen und Handlungen anderer ebenfalls gut aufgenommen und auf positive, gesunde Weise erwidert. Im Laufe des Heranwachsens jedoch entwickeln wir Lebensstrategien, die sich darum drehen, was wir von anderen *nehmen* können. Wir nehmen zahllose Gefälligkeiten an, ohne es überhaupt zu merken, ohne sie zu würdigen, weiterzugeben oder zu erwidern. Mehr und mehr sehen wir andere als Werkzeuge an, die unseren Zwecken dienlich sein können. Und so kehren wir uns allmählich mit unserer Auffassung von den zwischenmenschlichen Beziehungen vom Gesunden und Befriedigenden ab.

Die Naikan-Therapeuten glauben, daß wir uns in gewisser Weise dieser Ichbezogenheit bewußt sind und daher alles daransetzen, die Erinnerungen und Erkenntnisse, die zu Selbstvorwürfen, Schuldgefühlen und einer Herabsetzung unserer Selbstachtung führen könnten, zu unterdrücken. Das heißt, wir verschwenden unsere Energie damit, die Erkenntnis unserer Selbstsüchtigkeit und den verdienten Selbsttadel fernzuhalten. Wenn wir hingegen erkennen, wer wir wirklich sind, und ein anderes Leben voll dankbarer Selbstaufopferung führen, werden gewaltige Energien freigesetzt.

Wie bei den meisten japanischen Psychotherapien wird das Unvermögen, Fortschritte zu machen, auf eine Unfähigkeit des Klienten zurückgeführt. Der betreffende Fehler liegt nie bei der Methode, beim Therapeuten oder bei der Gesellschaft. „Widerstand" wird in diesem Rahmen selten als willentliche oder absichtliche Sabotage der therapeutischen Verfahren ausgelegt. Er tritt vielmehr meist in Form von Konzentrationsschwäche auf oder als Unfähigkeit, mit den spürbaren Einschränkungen einer streng geregelten Lebensweise zurechtzukommen, usw. Aber immer wird das Problem beim Klienten selbst geortet.

Naikan hat vieles mit den anderen japanischen Therapieformen gemein, von denen dieses Buch handelt. Statt einer Linderung der Beschwerden steht hier die Charakterentwicklung im Vordergrund. Selbstbeherrschung ist gefordert und die Befolgung von Anweisungen und Ratschlägen. Auf Intellektualisierung wird kein Wert gelegt, dafür aber um so mehr auf intuitives Wissen und Lernen durch Erfahrungen.

Ein kurzer Blick auf die Geschichte

Seinen Ursprung hat Naikan in einer Sekte des japanischen Buddhismus – nicht der Zen-Sekte der Krieger und Aristokraten, sondern der Jodo-Shinshu-Sekte der breiten Massen. Jodo-Shinshu betont die Abhängigkeit von der Liebe Amida Buddhas, durch die allein der Gläubige nach dem Tod ins Paradies kommen kann. Shinran, der Begründer der Sekte, versprach denen, die glauben, zehnfachen Lohn. Dazu gehören die freudige Hinnahme jeden Elends und das Verlangen, sich anderen freudigen Herzens dankbar zu erweisen (Bando, 1962).

Priester einer kleinen Untersekte des Jodo-Shinshu praktizierten eine Form des Naikan als Bestandteil ihrer geistigen Vorbereitung auf den Priesterstand. Sie befleißigten sich aber nicht nur der Selbsterforschung, sondern sie fasteten außerdem, tranken kein Wasser, versagten sich den Schlaf und legten sich weitere asketische und selbstquälerische Beschränkungen auf. Ishin Yoshimoto, ein Selfmademan, der es zum Millionär gebracht hatte, entdeckte auf seiner eigenen Suche nach Erleuchtung, wie nützlich Naikan sein kann. Er verminderte die körperlichen Einschränkungen und modifizierte das Verfahren so, daß es auch für Laien anwendbar ist.

Heutzutage muß man sich kein religiöses Ziel mehr setzen, wie die ursprüngliche existentielle Konfrontation mit dem Tod es war; es genügt, sich selbst verstehen zu wollen. Die Therapiedauer beträgt zwischen drei und 15 Tagen oder mehr. Auch ist es nicht länger Pflicht, auf Essen, Trinken und Schlafen zu verzichten, obgleich sich manche freiwillig dazu bereitfinden. Heute werden für die Meditation bestimmte Zeiträume und Personen vorgegeben. Yoshimoto führte auch die gleichzeitige Behandlung mehrerer Klienten ein. Alles in allem ist aus dem, was einmal als harte asketische Übung mit wenigen Anhaltspunkten für die innere Suche begann, eine minder schwierige, aber immer noch anstrengende therapeutische Methode zur Behandlung von Neurosen und Charakterstörungen geworden.

Interessanterweise behauptete Yoshimoto, daß es kaum eine Verbindung zwischen Naikan und dem Jodo-Shinshu gibt, wenn man einmal von der Entstehungsgeschichte absieht. Das erinnert an die Haltung des Begründers der Morita-Therapie, der den offensichtlichen Zusammenhang zwischen seiner Therapie und dem Zen leugnete (Iwai und Reynolds, 1970; Reynolds, 1969). Der Grund dafür ist wahrscheinlich, daß man die Methode lieber auf eine rational/wissenschaftliche als auf eine gläubig/religiöse Basis stellen will.

Yoshimoto, der sein Geld mit der Herstellung von Kunstlederprodukten verdiente, beschloß gleich zu Beginn, Strafgefangene vom Naikan profitieren zu lassen. 1954 hielt er im Gefängnis von Nara eine Rede über den Wert der Selbsterforschung, und bereits 1955 wandten einige Häftlinge seine Methode freiwillig an. Seitdem haben es fast 60 Prozent der Erwachsenenhaftanstalten das eine oder andere Mal mit Naikan versucht. Das Wohlwollen des Justizvollzugssystems war Schwankungen unterlegen. 1971 erreichte es seinen Tiefststand, teils wegen politischer Schachzüge, teils wegen der Gleichsetzung von Naikan mit religiösen Zielen, die mit der Trennung von Staat und Kirche unvereinbar waren. Die Gefängnisse verzeichneten bei Gefängnisinsassen, die kein Naikan praktizierten, bis zu 64 Prozent höhere Rückfallquoten als bei Naikan praktizierenden Strafgefangenen. Natürlich sind diejenigen, die sich freiwillig zu diesem Training melden, kein repräsentativer Querschnitt sämtlicher Gefängnisinsassen. Kitsuses Arbeit (1964, 1966) befaßt sich mit der Umerziehung von Straffälligen. Seit kurzem ist Naikan in Japan wieder im Kommen, besonders in den Rehabilitationsstätten für jugendliche Straftäter. In einer Zeit verkürzter Haftstrafen hat die enorme Wirkung von Naikan einen ganz erheblichen Stellenwert.

Aber Naikan ist keineswegs Gefängnisinsassen vorbehalten. 1977 sind allein am Naikan-Zentrum von Nara 1173 Klienten behandelt worden. Sie hatten die unterschiedlichsten Beschwerden, von familiären Schwierigkeiten bis hin zu psychosomatischen Problemen. Bei diesen Klienten ist das Verhältnis von Männern und Frauen fast ausgewogen, während es sich sonst bei 2 zu 1 eingependelt hat. Nahezu die Hälfte der Klienten ist unter dreißig Jahre alt. Den Berichten zufolge wird Naikan am intensivsten von Menschen zwischen vierzig und fünfzig praktiziert, wobei Frauen etwas besser abschneiden als Männer. *Naikanshas* unter zwanzig Jahren fällt es im Vergleich zu Gruppen mittleren Alters schwerer, in sich zu gehen.

Gegenwärtig gibt es noch verschiedene andere Naikan-Zentren in

Japan. Zwei davon gehören zu Tempeln und liegen in der Präfektur Mie unweit von Nara. Der Senkobo-Tempel kümmert sich um junge Straffällige; der Gasshoen-Tempel ist eine freundliche Gemeinschaft von Priestern, Nonnen und Laien, zu deren Naikan-Übungen vor allem ältere Bauersleute, aufrichtige Anhänger des Jodo-Shinshu-Buddhismus, kommen. Die Naikan-Zentren in Tokio konzentrieren sich auf Familien und Geschäftsleute; manche bieten werktags abends und am Wochenende kürzere Meditationsperioden unter Aufsicht an. Zwei angesehene psychiatrische Kliniken in Zentral- und Südjapan haben Stationen, die eigens zur Behandlung von Alkoholikern und Drogenabhängigen mit der Naikan-Therapie eingerichtet wurden.

Obwohl die Therapie nur auf eine Geschichte von einigen Jahrzehnten zurückblicken kann, ist bereits eine Menge Literatur zum Thema erhältlich. Die meisten Veröffentlichungen geben mündliches Therapiematerial und authentische Fallgeschichten wieder. Ferner stehen der Öffentlichkeit über 150 Tonbandaufnahmen zur Verfügung.

Eine Fallstudie (Murase und Reynolds, ohne Datumsangabe)
Frau N., eine 32jährige mittelständische Hausfrau, unterzog sich einer Behandlung im Naikan-Zentrum. Bis kurz vorher hatte sie als Grundschullehrerin gearbeitet. Ehe sie die Behandlung begann, hatte sie schon etwa zehn Monate unter Depressionen gelitten. Ihr Betätigungsdrang hatte immer mehr nachgelassen, und sie hatte angefangen, an ihrer früheren Leistungsfähigkeit zu zweifeln. Sie litt unter Schlaflosigkeit und hatte schon an Selbstmord gedacht. Offenbar hatten zwei Ereignisse ihre Depressionen verursacht: einmal Probleme bei Ihrer Tätigkeit nach einem beruflichen Wechsel zwei Jahre zuvor, und zweitens die Entdeckung, schwanger zu sein. Ihre unerwartete Schwangerschaft stürzte sie noch tiefer in die Verzweiflung, weil sie große Angst davor hatte, ihre Stellung zu verlieren. Ein solcher Verlust hätte gravierende finanzielle Folgen für ihre Familie gehabt. Vor Auftreten all dieser Schwierigkeiten hatte sie ihres Wissens noch nie ernstlich an Depressionen gelitten. Medikamente, die sie vor der Naikan-Behandlung erhalten hatte, waren völlig wirkungslos geblieben.

Frau N. ließ sich zwar auf die Behandlung ein, jedoch vollkommen passiv, fast widerstrebend. Sie versenkte sich drei Tage lang nicht etwa tief in ihre Meditation, sondern brachte die meiste Zeit damit zu, sich selbst laut ihrer Unfähigkeit und Nichtswürdigkeit zu bezichtigen. Sie schien sich absolut nicht in die Situation fügen zu können und war bald so weit, daß sie ihren Vater bat, sie wieder nach Hause zu holen. Ihr Vater ermutigte sie jedoch nach Kräften, nicht aufzugeben. Nach dem dritten Tag war Frau N. plötzlich in der Lage, die Naikan-Übung durchzuführen. Sie wurde sich darüber klar, was ihre Schwiegermutter alles für sie getan hatte. Nach dieser gefühlsmäßigen Einsicht vollzog sich in ihrer ganzen Einstellung zum Leben ein drastischer Wandel. Sie fand alles hell und strahlend. Hier ein Interview aus dieser Phase:

Herr Yoshimoto: „Worüber sind Sie sich klargeworden?"
Frau N. (den Tränen nahe): „Letztes Jahr haben wir für unsere Tochter ein Klavier gekauft. Mir ist jetzt bewußt geworden, daß wir das nur konnten, weil wir die Ersparnisse meiner Schwiegermutter dazu verwandten. Das hatte ich ganz vergessen; ich habe vielmehr gedacht, ich hätte es mit meinem eigenen Geld bezahlt, und ihren Zuschuß völlig vergessen. Wie egozentrisch war ich doch! Als sie im Krankenhaus lag, habe ich sie nur einmal besucht und ihr ein kleines Geschenk mitgebracht. (Dieses Geständnis brachte sie unter vielen Tränen hervor.) Als ich selbst wegen der Entbindung meines jüngsten Kindes im Krankenhaus war, hat sie mich fast jeden Tag besucht und mir teure Früchte mitgebracht. Sie ist trotz ihrer Herzschwäche in den fünften Stock hinaufgestiegen, um nach mir zu sehen. Zu dieser Zeit hat sie sich sehr, sehr lieb um mich gekümmert, sie war wirklich wie eine liebevolle Mutter. Daran muß ich jetzt denken, und mir ist endlich klargeworden, wie selbstsüchtig und blind ich als Schwiegertochter gewesen bin. Ich weiß überhaupt nicht, wie ich ihr jetzt meine Dankbarkeit beweisen soll. Meinem Gefühl nach würde ich sie jetzt am liebsten auf meinen Knien um Verzeihung bitten."

Die übrigen Stunden des Tages verbrachte sie damit, über ihr Verhältnis zu ihrem Schwiegervater nachzusinnen. Wieder wurde ihr bewußt, wie undankbar sie gewesen war. Beim Gedanken an den Kummer, den sie ihrem Schwiegervater gemacht hatte, wurde ihr klar, daß sie weder Reife noch Anpassungsbereitschaft gezeigt hatte. Sie beschrieb sich selbst ihrem Empfinden nach als „Giftschlange". Sie hatte starke Schuldgefühle ihren Angehörigen gegenüber. Es bedrückte sie, sich vielleicht nicht dazu aufraffen zu können, ihren Schwiegervater wegen ihrer Fehler und Schwächen um Vergebung zu bitten.

An Frau N.s fünftem Naikan-Übungstag kam Herr Yoshimoto zu der
Überzeugung, daß sie zu erregt sei, um die Übung in der richtigen
Weise fortsetzen zu können. Deshalb bat er ihren Vater zu einem
Gespräch, in dem geklärt werden sollte, ob er sie nicht lieber wieder
nach Hause holen wollte.

Der Vater war fassungslos, als er die tiefgreifende Veränderung
bemerkte, die mit seiner Tochter geschehen war. Sie umarmten sich
unter Freudentränen. Schon einen Tag nach der Heimkehr klang die
Aufregung bei Frau N. ab, während sich an ihrer gebesserten geistigen
Verfassung nichts änderte.

Ungefähr nach zwei Wochen hatte sie einen leichten Anflug von
Depression, den sie jedoch durch Naikan-Übungen zu Hause selbst
überwand. Durch diese Methode faßte sie wieder Mut und Hoffnung.
Ihre starre Einstellung zum Leben veränderte sich, Anpassungsfähigkeit
und Toleranz nahmen zu. Sie konnte sich nun mit Dankbarkeit, Wärme
und Natürlichkeit ihrem Leben widmen.

Der Autor als Patient

Wie zuvor bereits erwähnt, habe ich es bei meiner Forschungsarbeit
bisweilen für nützlich befunden, sowohl in die Rolle des Patienten als
auch die des Therapeuten oder auch des außenstehenden Beobachters
zu schlüpfen, um die betreffende Therapie aus verschiedenen Blickwinkeln kennenzulernen.

Manche Aspekte meiner Erfahrungen als Patient sind mit denen anderer Patienten zu vergleichen, andere nicht. Wenn ich dem Leser Informationen über das Typische oder Einzigartige der Erfahrung vermitteln
kann, werde ich das tun. Allerdings gibt es meines Wissens für viele
Einzelheiten keine systematischen Datensammlungen, die auf die jewei-
ligen Besonderheiten der Erfahrung eingehen. Darum hat vieles von
dem nachstehenden Bericht nur einen Wert als Fallgeschichte eines von
drei Westlern, die sich in Japan einer einwöchigen Naikan-Therapie
unterzogen haben.

Ich selbst habe mich durch Lesen mit Naikan vertraut gemacht,
wurde jedoch wie die meisten Naikan-Klienten durch den persönlichen
Kontakt zu einem ehemaligen Klienten angeregt, mich der Behandlung
zu unterziehen. Wie oft in Japan der Fall, wenn es um ein neues Vorhaben geht, zögert man, sich auf etwas einzulassen, bis man in dem
betreffenden Bereich einen persönlichen Kontakt gewonnen hat.

Meine Kontaktperson, Takao Murase, Psychologe am Landesinstitut für psychische Gesundheit in Japan, hatte zweimal ein Naikan-Training mitgemacht und selbst die Naikan-Erfahrung eines anderen Klienten überwacht. Doch auch ohne so hervorragende Referenzen ist letztlich jeder, der eine Therapieform aus eigener Erfahrung kennengelernt hat, geeignet, dem künftigen Klienten Unterstützung angedeihen zu lassen und ihn mit den nötigen Informationen zu versorgen.

Insbesondere in Japan, aber auch anderswo, werden dem künftigen Klienten durch die einschlägige Therapie-Literatur wichtige Daten vorenthalten, oder die Angaben widersprechen gar dem, was er in der Praxis erlebt. Was ist der Sensei für ein Mensch? Ist er wirklich weise? Ist er streng? Was für ein Geschenk käme zusätzlich zu den Gebühren in Frage? Wie strikt werden die Vorschriften eingehalten? Was braucht man an Kleidung, Schlafanzügen usw.? Wie war die Naikan-Erfahrung des Informanten? War sie schwer? Wie stand es mit seinem Appetit? Konnte er gut schlafen? Gab es nachhaltige Auswirkungen auf seinen Charakter?

Schon Tage vor Beginn der Therapie begann Naikan einen merklichen Einfluß auf mein Leben auszuüben. Sozusagen kurz vor Toresschluß stürzte ich mich in körperliche Aktivitäten und flüchtete mich in Fantasy-Lektüre, ehe ich mich der stillen meditativen Welt überließ. Mehrere Stunden täglich waren aber auch meinem Wissensdurst bezüglich der Naikan-Therapie und Reisevorbereitungen zu Yoshimoto-Senseis Haus und Tempel gewidmet. Und es fand bereits eine Hinwendung nach innen statt bei dem Gedanken, worüber ich bald nachsinnen würde, das heißt, ich dachte über das Nachdenken nach.

Takao Murase begleitete mich von Tokio zum Naikan-Zentrum in Nara. Wir kamen an einem Sonntagnachmittag um drei Uhr dort an. Der normale Kurs dauert von Sonntagabend bis zum darauffolgenden Sonntagmorgen. Wir hatten aber bereits eine etwas längere Frist vereinbart. Nach einer kurzen Einführung wurde ich gebeten, mir eine Reihe von Anweisungen auf Kassette anzuhören, darunter Ausschnitte aus dem Naikan-Training eines Schulkindes. Diese Kassette wird generell neuen Klienten vorgespielt. Sie ist einfach und wirkungsvoll, denn die Fragen, Probleme und Reaktionen des Kindes sind genial und treffend.

Ich lernte daraus einiges über die periodisch wiederholten Befragungen, die Formen, die Naikan-Technik, die Hausordnung usw., aber zwei Punkte erschienen mir dabei als besonders erwähnenswert. Zum einen war der Junge nicht in der Lage, sich *Meiwaku* (die Schwierigkeiten, die er anderen gemacht hatte) ins Gedächtnis zurückzurufen; er wurde deshalb mehrfach aufgefordert, sich stärker auf seine Vergangenheit zu konzentrieren. Mir wurde dadurch klar, daß innerhalb des vorgegebenen Rahmens ein Unvermögen auch meinerseits, mich an die Unannehmlichkeiten zu erinnern, die ich anderen bereitet hatte, nicht geduldet werden würde. Zum zweiten erfuhr ich, daß die anfangs mit der Naikan-Meditation verbundene Langeweile und die Schwierigkeiten um den dritten Tag herum einer größeren Geschicklichkeit und einem tieferen Naikan weichen, was wesentliche theoretische Schlüsse zuläßt. Tatsächlich geht es den meisten Klienten so. Diese einführende Information aber „immunisiert" die Neuankömmlinge nicht allein wirkungsvoll dagegen, sich von anfänglichen Problemen beim Naikan-Üben entmutigen zu lassen, sie untermauert obendrein das Image des Sensei als eines erfahrenen, kenntnisreichen Führers auf diesem Gebiet. Das hat unter anderem vermutlich zur Folge, daß die Beeinflußbarkeit des Klienten erhöht wird.

Um 15.45 Uhr wurde ich die Treppe hinauf in einen großen, mit Tatamis ausgelegten Raum geführt; darin wurde mir eine Ecke zugewiesen; ferner wurden mir ein dickes Sitzkissen, ein flaches Polster, ein *Byobu* (Wandschirm) und ein Kleiderbügel ausgehändigt. Man zeigte mir, wo Matratzen zum Schlafen sowie Reinigungsgerät aufbewahrt waren und wo sich Toilette und Waschbecken befanden.

Um 16.05 Uhr fing ich an. Zuerst war mein Denken noch nebelhaft und verschwommen, aber nach und nach vermochte ich mich doch auf den Zeitabschnitt und die Person zu konzentrieren, die Yoshimoto-Sensei mir vorgeschrieben hatte. Um 16.50 Uhr kam der Sensei zum ersten *Mensetsu* (Naikan-Interview). In der ritualisierten Form von Begrüßung und Beichte erzählte ich ihm, was ich an Wohltaten empfangen hatte, was ich erwidert hatte und welche Kümmernisse ich meiner Mutter im Vorschulalter bereitet hatte. Ich erwähnte beispielsweise meine Abneigung gegen Margarine. Dadurch hatte sich meine Mutter genötigt gefühlt, teure Butter zu den Mahlzeiten auf den Tisch zu bringen – ein Liebesdienst, den ich gar nicht zu würdigen gewußt hatte. Ich verlor allerdings kein Wort darüber, daß sie mehrmals (erfolglos) versucht hatte, mir wie Butter verpackte Margarine vorzusetzen. Damit hatte ich begonnen, meine Angaben, wenn nicht gar meine Erinnerungen an die Vergangenheit, zu schönen. Um 17.20 Uhr brachte der Sensei jedem

Klienten auf einem Tablett sein Abendessen. Meine Süßkartoffeln waren dick mit Butter angerichtet.

Es ging weiter mit dem Naikan. Ich konnte Kinder draußen spielen hören. Unten lief ein Radio oder Kassettengerät. Zwei Klienten unterhielten sich leise und brachen so die Schweigepflicht. Mir fiel es schwer, die Punkte im Kopf zu behalten, die ich beim Mensetsu auf Japanisch vorbringen wollte, so vertieft war ich in meine englischen Erinnerungen. Um 21.05 Uhr kamen wir vier Klienten hinter unseren Wandschirmen hervor. Schweigend rollten wir die Matratzen aus. Nach wenigen Minuten war ich eingeschlafen.

Am Montag morgen ertönten schon vor 5.00 Uhr früh aus dem Lautsprecher oben an der Wand unseres Zimmers die Informationen einer Naikan-Kassette. Diese Kassetten geben Naikan-Erfolge wieder, Ausschnitte aus besonders bewegenden Gesprächen mit Klienten und ihren Angehörigen, Lieder über Mütter und dergleichen mehr. Schweigend fegten wir das Zimmer und rieben die Matten mit einem feuchten Tuch ab. Einer säuberte die Toilette. Wir wuschen uns das Gesicht und widmeten uns dann wieder der Meditation. Um 5.40 Uhr erschien der Sensei zur vierten Befragung. Ich hatte inzwischen eine Menge über die Art und Weise gelernt, wie ich die Vergangenheit in meiner Erinnerung festmache. Ich merkte, daß ich ein Kodierungssystem hatte, und zwar weniger nach ereignisreichen Jahren, sondern vielmehr nach Häusern, in denen ich gewohnt hatte, Autos, in denen ich als Kind mitgefahren war, Jobs, die ich gehabt hatte, Schulen, die ich besucht hatte, und Leuten, die ich gekannt hatte. Die ersten High-School-Jahre bildeten einen einheitlichen Komplex, der sich klar von den späteren Schul- und Collegejahren unterschied.

Um 6.00 Uhr wurde eine weitere Kassette abgespielt, die während des Frühstücks bis 6.25 Uhr lief. Ich konnte hören, wie ein Klient in der Nähe Buchseiten umblätterte und sich Notizen machte. Die Kassetten erschwerten mir meine Versuche, mich in die Meditation zu versenken. Ich verstand zwar ihren Sinn – sie waren eine Art Modell für „richtiges" Naikan, weckten Hoffnung, machten dem Klienten thematische Vorschläge für seine Selbsterforschung und unterbrachen die langen Schweigezeiten; außerdem konnten sie später erworben werden und waren dann Ansporn und Hilfe in der Zeit nach der Behandlung, in der der Klient täglich zu Hause selber Naikan üben soll. Aber ich persönlich konnte die oft tränenreichen Geständnisse kaum ertragen.

Zu diesem Zeitpunkt nahm mein Widerstand gegen die Innenschau die Form an, daß ich das Geben und Nehmen in manchen Beziehungen und Zeitabschnitten als ziemlich ausgeglichen empfand und mich deshalb auch kaum noch daran erinnerte, mit anderen Worten: Manche Beziehungen galten für mich als abgeschlossen, so daß ich sie aus meinem Gedächtnis streichen konnte.

Aber meine Dankbarkeit anderen gegenüber wuchs schon von diesem ersten Morgen an. Ich bemerkte, daß meine Stimme weicher, ja entrückt klang, wie die Stimmen derer um mich herum.

Der Wandschirm dicht vor meinem Gesicht symbolisierte eindrucksvoll mein Gefühl, in mich selbst eingeschlossen zu sein. Ich merkte auf einmal, daß ich beim Vorbereiten dessen, was ich dem Sensei bei seinen Besuchen sagen wollte, meine eigene Geschichte immer wieder unter einem in typischer Naikan-Manier vereinfachenden und verfälschenden Blickwinkel sah.

Um 14.05 Uhr tönte ein Lied aus dem Lautsprecher, das die Göttin Kannon mit dem „Mutter"-Begriff in Zusammenhang stellte. Von dem alten Mann in einer Ecke nebenan war ein Geräusch wie Schluchzen zu hören. Bei seinem nächsten Interview hörte ich, wie er sich für die Dauer seines Aufenthalts nur noch Milch zu den Mahlzeiten erbat. Es kommt oft vor, daß sich Klienten hier zum Fasten entschließen. Im Laufe dieses Tages bemerkte ich, daß ich am Rande des Blickfeldes optische Täuschungen in Form von scheinbaren Bewegungen hatte.

Später am Nachmittag kam ein neuer Klient an und richtete sich still in seiner Ecke ein. Montag abend um 18.50 Uhr führte Yoshimotos Frau das Mensetsu-Gespräch, das zwölfte seit meiner Ankunft. Der Sensei war außer Haus und hielt irgendwo einen Vortrag. Kurz vor diesem Gespräch hatte ich eine Art Halluzination, in der ich goldene Altarbilder in der Luft dicht vor mir erscheinen sah. Vielleicht hatte ich gerade vor mich hin gedöst.

Am dritten Tag kam mir zu Bewußtsein, daß meine Stimme heller und kindlicher wurde. Die abgespielten Naikan-Kassetten trafen mich wegen meines beschränkten Vokabulars zwar nicht mit ihrer vollen Wucht, aber die emotionsgeladenen Stimmen und die Tränen taten dennoch ihre Wirkung, als hörte man ein Baby, irgendein Baby, weinen. Bei seinem 16. Besuch fragte mich der Sensei nach meiner Beichte, ob ich meinte, in einer bestimmten zwischenmenschlichen Beziehung ein guter oder schlechter Mensch gewesen zu sein. Es fiel mir schwer, das zu entscheiden. Was denn näher liege, forschte er beharrlich weiter. Er wünschte und erwartete offenbar, daß ich „schlecht" sagte. Und das tat ich dann auch. Doch die Frage wollte mir noch eine Weile nicht aus dem Sinn gehen und hinterließ einen schlechten Beigeschmack. Das war eigentlich zu einfach. Es war nicht gut und nicht schlecht, sondern beides. Westler mit ihrer deutlich rationalen Einstellung zum Dasein haben mehr Abwehrmechanismen zur Verfügung als die Japaner, die sich in ihren zwischenmenschlichen Beziehungen viel stärker vom Gefühl leiten lassen. Für uns sind Beziehungen komplex und von komplizierten Beweggründen erfüllt. War die *Tat* schlecht, oder war *ich* schlecht? Warum hatte sich meine Mutter meiner angenommen? Aus Liebe? Auf sozialen Druck hin? Aus Pflichtgefühl? Oder hatte sie es einfach nur gedankenlos getan, in Erfüllung ihrer Rolle?

Am Nachmittag des dritten Tages hatte meine Selbsterforschung ihren Höhepunkt erreicht. Ich bereute die Lebensphasen zutiefst, in denen ich meine Energien verschwendet und mir über andere keine Gedanken gemacht hatte. Ich sah ein, daß ich mir fortan meinen Mitmenschen gegenüber viel mehr Mühe geben mußte. Diesem Ziel wollte ich mich von jetzt an widmen. Diese Erkenntnis entsprang weder einer plötzlichen Wandlung noch der vollständigen Übernahme der Naikan-Weltanschauung. Ich vermochte zwischenmenschliche Beziehungen nie in der einfachen Schwarzweiß-Sehweise des Naikan zu sehen. Andererseits war mein neuer Vorsatz auch nicht frei von emotionalen Untertönen. Das Gleichgewicht zwischen dem Erfahren und dem Beobachten ist nur schwer aufrechtzuerhalten. Ich sah Männer zu Marionetten werden, aber zugleich auch, daß sie selbst die Puppenspieler waren. Die Fäden der Zeit sind zuerst zu lang. Aber sie werden immer kürzer, bis sie schließlich zu kurz sind. In jener Nacht träumte ich davon, daß eine Uhr stehenblieb.

Am vierten Tag war ich immer noch ziemlich „high" durch meinen Vorsatz. Ich schrieb in mein Tagebuch: „Die Menschen haben Hochachtung verdient. Ich habe sie mit Geringschätzung und Arroganz behandelt." Von nun an wollte ich mich bemühen, anderen nicht bloß zuzuhören. Ich beschloß, ihre Worte in meinem Herzen zu bewahren.

Meine Fähigkeit, mich an die Vergangenheit zu erinnern, unterlag bisweilen starken Schwankungen. Aber wenn ich mit geistesgegenwärtiger Achtsamkeit übte und innerlich bereit war, gelang es mir doch, mich mit gesammelter Aufmerksamkeit zu versenken.

Jeden Tag standen uns 20 Minuten zur Verfügung, um ein Bad zu nehmen. Wir hatten Anweisung, auch beim Baden, Essen, Arbeiten und Zubettgehen Naikan zu üben. Das tägliche Bad hat in diesem Rahmen vielleicht eine symbolische Reinigungsfunktion. Während der strikten isolierten Bettruhe der Morita-Therapie ist nur ein Bad pro Woche gestattet.

Gegen Ende des vierten Tages verlor ich mich allmählich in Gedanken und Phantasien, Zukunftsplänen und den verschiedensten Überlegungen. In den darauffolgenden Tagen war meine Geistestätigkeit ganz und gar durch meine Rolle als Beobachter bestimmt, so daß mir die Naikan-Besinnung nur andeutungsweise gelang. Mein Denken wurde immer analytischer. Erinnerte ich mich wirklich aus eigener Kraft, oder hatte ich nur im Gedächtnis, was mir andere erzählt hatten? Warum sollte ein Kind genausoviel Wohltaten erwidern, wie seine Eltern ihm erwiesen hatten? Warum sollte man sich darüber aufregen, daß man in den zurückliegenden Jahren keinen Ausgleich im sozialen Soll und Haben verbuchen konnte? Ich richtete mein Augenmerk auf den konstanten Druck, durch den ich meine Vergangenheit in einer bestimmten Art und Weise sehen sollte. Insgesamt begann ich, mich gegen meine anfängliche Hinwendung zu einer naikangemäßen Weltsicht aufzulehnen.

Ich merkte, daß innerhalb eines engen ritualisierten Rahmens selbst geringe Abweichungen im Verhalten des Klienten sichtbar und typisierbar werden und dem erfahrenen Therapeuten daher wichtige diagnostische Hinweise geben. Der Sensei nahm die Gefühlsausbrüche vom Tonband ebenso wie die meiner Gefährten mit unerschütterlicher Gelassenheit zur Kenntnis und leitete die Klienten zu vermehrtem, immer tieferem Naikan an.

Im Morgengrauen des fünften Tages, vor Yoshimoto-Senseis 32. Besuch, saß ich da und fragte mich, ob für Amerikaner die Naikan-Meditation über die Ehefrau, die Freundin oder die Kinder vielleicht eine stärkere Wirkung hatte als die Besinnung auf die Mutter oder den Arbeitgeber. Besonders in bezug auf Arbeitgeber scheinen Amerikaner grundsätzlich von Mißtrauen gegenüber den Mächtigen erfüllt zu sein, wohingegen viele Japaner in ihren direkten Vorgesetzten ihre Wohltäter sehen. Der Sensei würde natürlich meinem Eindruck widersprechen, daß Amerikaner weniger bewegt sind als Japaner, wenn sie über ihre Mutter nachdenken. Er vertritt die Ansicht, in jeder Gesellschaft sei die fundamentale soziale Beziehung die zwischen Mutter und Kind, und darin sei die eigentliche Quelle der Schuldgefühle und Dankbarkeit zu suchen. Vielleicht stimmt das; eine ganze Reihe von Verhaltensforschern und Psychoanalytikern dürfte mit der Vorrangstellung einer solchen Beziehung einverstanden sein, ich eingeschlossen. Es fragt sich nur, ob eine derartige Beziehung nicht durch die verstrichene Zeit soweit gelöst ist, daß die Naikan-Besinnung darauf unzweckmäßig ist. Für die Japaner ist sie das offenbar nicht.

Inzwischen waren diejenigen, die vor mir angekommen waren, entlassen, und an ihrer Stelle hatten sich andere zum Naikan-Training eingefunden. Ich war der erfahrenste Naikansha im Raum. Ab und zu konnte ich meine Mitklienten schluchzen hören.

Wenn ich mich wieder in meine frühe Kindheit vertiefte, entdeckte ich, daß manche Kindheitssituationen in den Träumen der letzten Jahre wieder aufgetaucht sind, nur daß die Träume mit derzeitigen Bekannten bevölkert sind. Aus meiner Vergangenheit kamen mir Häuser, Zimmereinrichtungen, Straßen, Schulwege und ähnliches in Erinnerung zurück, während es mir nicht so leicht gelingen wollte, bestimmte Handlungen oder Beziehungen wiederauszugraben.

Am Abend des fünften Tages ließ ich meinen Gedanken eine Zeitlang einfach ihren Lauf, wobei ich mich von ihnen löste und nur noch beobachtete, wie sie sich ganz von selbst entfalten, und da erschien ein wellenförmiges Blumengebinde in lila und lavendelblauer Farbe vor meinem inneren Auge, gefolgt von einer Kette freier Assoziationen, in denen unter anderem meine Mutter und meine Schwester vorkamen. Ab und zu gab es auch visuelle Phantasiegebilde, die zum Teil spontan entstanden, zum Teil absichtlich von mir hervorgerufen wurden. Allmählich wurde es mir langweilig. In dem Wandschirm und der Wand nahe an meinem Sitzplatz waren kleine Löcher, ein Anzeichen für die Langeweile, die Neugier und den Betätigungsdrang derer, die sich hier vor mir dem Naikan gewidmet hatten.

Außer durch die regelmäßigen Besuche des Sensei wird nicht weiter überprüft, wie der Klient seine Zeit verbringt. Schließlich übt er sich zu seinem eigenen Nutzen im Naikan. Man geht davon aus, daß er seine Zeit sinnvoll für die Meditation nutzt. Tut er das nicht, wird ihm sein Gewissen schlagen. Dann wird er sich wahrscheinlich genötigt sehen, seine laxe Einstellung dem Sensei zu beichten, und motiviert werden, fortan mit größerem Fleiß Naikan zu üben.

Interessanterweise gelten sowohl in der Naikan- als auch in der Morita-Therapie Egozentrik oder Selbstsucht als Neurosenursache. Seine Aufmerksamkeit darauf zu lenken, anderen zu dienen, ist das erklärte Ziel dieser beiden Formen der japanischen Psychotherapie. Therapeuten beider Richtungen würden behaupten, sich am einzelnen *und* an der Gesellschaft zu orientieren. Nach ihrem Dafürhalten wird bei den meisten westlichen Einsichtstherapien das Individuum stark überbetont, wodurch die westlichen Therapeuten völlig blind sind für die Grundwahrheit, daß ein Mensch nur dann individuelle Befriedigung erfährt, wenn er sich in den Dienst seiner Mitmenschen stellt (wie es die Therapeuten tun).

Doch all diesen analytischen Gedanken zum Trotz stand am sechsten Tag in meinem Tagebuch: „Ich werde langsam erdrückt von all den Sündenbeichten auf Kassette wie auch meinen eigenen Verfehlungen, auf die ich mich besonnen habe. Seufzer, Druck auf der Brust ... " Noch am selben Tag hatte ich mehrere „paranormale" Erlebnisse. Ich hatte kurz vor Auftreten eines Erdbebens eine Vorahnung von seinem Kommen. Vielleicht hatte ich, ohne mir dessen bewußt zu sein, ein paar vorausgegangene Erdstöße wahrgenommen. Vielleicht kann auch der Mensch ein intuitives Gespür für nahende Gefahren entwickeln, wie es Tiere besitzen. Einmal, als ich unten das Telefon klingeln hörte, „wußte" ich, daß das Gespräch mich betraf. Das wurde mir beim nächsten Mensetsu, dem 44., vom Sensei bestätigt. Als ich mich nicht länger konzentrieren konnte, lauschte ich den Geräuschen der dahinrinnenden Zeit: Hundegebell, Grillenzirpen, Autohupen, das Geräusch von Schritten.

In der sechsten Nacht hatte ich die verschiedensten wirren Träume. Ich träumte von meiner Familie und von dem Versuch, einer Verbrecherorganisation zu entgehen, die mich beobachten und töten wollte. Ich träumte weiter davon, daß mich Yoshimoto-Sensei fragte, wie er es bei jedem Mensetsu zu tun pflegte, worüber ich meditiert hätte. Es folgten noch andere Träume. Ich wachte nachts um 1 Uhr auf und hatte einige Schwierigkeiten, wieder einzuschlafen. Wir wurden Samstag wie gewöhnlich um 4.50 Uhr geweckt.

Am Morgen des siebten Tages schaute ich mit einem gewissen Leistungsstolz auf den fest in seine Vergangenheit versenkten David Reynolds von Montag und Dienstag zurück. Ich dachte darüber nach, daß dies eine Woche gewesen war, in der andere Menschen gekämpft hatten, gestorben waren, miteinander geschlafen hatten, geboren hatten, gestritten hatten usw., während ich abgeschieden von der Außenwelt dasaß und die meiste Zeit über nur in der Innenwelt meines Bewußtseins existierte.

Nach dem 52. Gespräch am Samstagabend um 17.40 Uhr fragte mich Yoshimoto-Sensei, ob ich als Naikan-Leiter für andere fungieren wolle. Ich war gern dazu bereit. Ich hörte einem Gespräch des Sensei mit einem Klienten zu und interviewte danach selbst einen. Dann machte ich zweimal bei allen Klienten die Runde. Ich war ziemlich geschmeichelt und erfreut, diese Erfahrung machen zu dürfen, fühlte aber auch, wie schwer die Verantwortung auf mir lastete. Den Schuldbekenntnissen und Bekümmernissen der Klienten zuzuhören war bedrückend und sehr schmerzhaft. Wie konnte ich denn jemanden bei dieser qualvollen inneren Suche begleiten? Für mich symbolisierte die Verbeugung, die ich vor jedem Klienten machte, nicht nur meine Achtung vor ihm, sondern auch die demütige Bescheidenheit, mit der ich seine Beichte entgegennahm.

Um 7.30 Uhr am achten Tag bereitete ich mich auf meinen Abschied vom Naikan-Zentrum vor. Ich stand in der Tür des großen Raums im oberen Stockwerk. In drei Ecken sah ich Wandschirme aufgestellt, die Klienten in die Welt der Meditation einschlossen. Mit leiser Stimme sagte ich ihnen Lebewohl und ermahnte sie im gleichen Ton, den Yoshimoto-Sensei anzuschlagen pflegte, sie sollten sich mit dem nötigen Ernst der Innenschau widmen: „Sayonara ... Shikkari shirabete kudasai" (Auf Wiedersehen ... Bitte prüfen Sie sich mit Eifer).

Die heiße Dankbarkeit anderen, selbst Fremden, gegenüber hielt ein paar Tage an. Ich schrieb etliche Briefe an Angehörige und Freunde, die mir viel bedeuteten, und dankte ihnen für das, was sie mir im Leben gegeben hatten. Ich verschickte eine Reihe von Geschenken. Die Intensität dieses Gefühls klang im Laufe der nächsten Monate ab, aber die Wirkung der Naikan-Perspektive wird sich doch vielleicht nicht vollkommen verlieren. Ich hoffe es jedenfalls. Sie hat mir einen neuen Bezugspunkt gegeben, der mir den egozentrischen Individualismus des westlichen Menschen in einem anderen Licht zeigt.

Effektivität

Zu Forschungszwecken sind zahlreiche psychologische Tests mit Naikan-Übenden und Kontrollpersonen ohne Naikan-Training durchgeführt worden. Zum Beispiel sind Yamamoto und andere (1972) zu den objektiven Ergebnissen gekommen, daß bei 40 Versuchspersonen nach erfolgtem Naikan-Training das Selbstwertgefühl gesunken, die Wertschätzung anderer hingegen gestiegen war.

Leider sind mir weder gut überwachte Doppelblindversuche über die Effektivität der Therapie bekannt noch Daten über die Kontrollpersonen bei solchen Versuchen (an denen sich feststellen ließe, ob sie sich auch auf andere Art von den Naikan-Testpersonen unterscheiden), noch statistische Auswertungen der Unterschiede in der Erfolgsquote bei der Versuchsgruppe im Vergleich zur Kontrollgruppe.

Wer mit der japanischen Sprache vertraut ist, dem steht eine Fülle von klinischer Sekundärliteratur und eine ganze Reihe von in die Tiefe gehenden Studien (mit verschiedensten psychologischen Bewertungsmethoden) über Einzelfälle zur Verfügung. Beispielhaft für die klinische Bewertungsliteratur ist Ishida (1969). Ishida verwandte Naikan manchmal zusammen mit autogenem Training und Hypnotherapie. Er veranschlagte die Erfolgsquote bei der Behandlung von 44 neurotisch oder psychosomatisch gestörten Patienten mit Naikan beziehungsweise einer Verbindung aus Naikan und anderen Techniken mit 90 Prozent.

Nach Therapeutenangaben sind durch Naikan Neurosen, Alkoholismus und sogar körperliche Gebrechen geheilt worden, darunter die Parkinsonsche Krankheit. Ferner soll diese Meditationsform einen wohltuenden Einfluß auf Eheprobleme, Schwierigkeiten mit angeheirateten Verwandten oder Schwiegereltern sowie schulische oder berufliche Konflikte haben. Verbesserungen in diesem Bereich menschlichen Leidens sind allerdings wieder nur zufällige Nebenprodukte des eigentlichen Naikan-Ziels: die Einstellung des Klienten zu seiner nahen wie fernen Vergangenheit zu verändern. Dankbarkeit und das Gefühl, trotz seiner Fehler geliebt worden zu sein, kommen in einem Verhalten zum Ausdruck, das von Freude und Selbstaufopferung geprägt ist. Die Beschwerden dauern unter Umständen fort. Sie mögen bekämpft oder toleriert, ärztlich behandelt oder durch eine entsprechende Lebensweise erträglich gemacht werden. Aber das Leiden ist durch Naikan in einen anderen Zusammenhang gestellt worden. Man ist nicht mehr der einzige, der leidet oder gelitten hat. Naikan eröffnet neue Einblicke ins Selbst. Es scheint, als könnte die Naikan-Therapie bei einem Klienten, der sich ernsthaft bemüht, weitgehend das halten, was sie verspricht.

IV
Shadan:
Therapie durch Isolation

Die Shadan-Therapie, auch *Ansei-* (Ruhe-)Therapie genannt, ist vor dem 2. Weltkrieg von dem Psychiater Katsuro Narita und seinem Kollegen Tetsu Hiresaki entwickelt worden. Hiresaki war noch im Jahre 1975 ein energischer, vitaler Mann von 76 Jahren, der als Klinik-Direktor und praktizierender Psychiater arbeitete und täglich Patienten behandelte. Bei einem Gespräch über seine Ideen hat mir seine geistige Schärfe und Lebendigkeit einen starken Eindruck gemacht. Dieser Arzt, der im 19. Jahrhundert geboren wurde, hätte ein Fünfzigjähriger sein können!

Hiresaki unterscheidet klar zwischen solchen Aspekten des menschlichen Lebens, die allgemein menschlich und den Naturgesetzen unterworfen sind, und jenen, die kulturell und ideologisch bedingt sind. In die erste Kategorie gehören Empfindungen (Hunger, Durst und ähnliches), Denk- und Erinnerungsvorgänge, Stimmungen und natürlich alle durch Krankheit, Erschöpfung, Alter usw. hervorgerufenen physischen Veränderungen des Gehirns. An diesen Lebensprozessen hat potentiell jeder von uns zwangsläufig teil. Im Gegensatz dazu gibt es Sprachen, Überzeugungen, Schönheitsideale, gedankliche *Inhalte* (Ideen) und bestimmte Erinnerungen, die von Volk zu Volk und von Mensch zu Mensch verschieden starke Unterschiede aufweisen.

Warum wird eine so sorgfältige Unterscheidung getroffen? Hiresaki hält diese Einteilung für nützlich und hilfreich bei der Festsetzung der richtigen Ziele und Verfahren, derer sich Psychotherapeuten bedienen sollten. Nach seiner Ansicht haben sich Psychiater und Psychologen keinesfalls in die Überzeugungen der Patienten oder deren Denkinhalte einzumischen. Das ist Aufgabe der Erzieher und Sozialwissenschaftler. Der Psychotherapeut wendet sich vielmehr den Störungen zu, die Allgemeingut der Menschen und den Naturgesetzen unterworfen sind. Mit anderen Worten: Ungesunde Denkvorgänge, ungesunde Fixierungen der Aufmerksamkeit, ungesunde Stimmungen und dergleichen sind ebensolche Krankheiten wie eine Erkältung oder die Masern. Welche natürliche Behandlung bietet sich für fast jede körperliche Erkrankung an? Bettruhe – und nicht etwa stundenlange Gespräche mit einem Therapeuten, Gruppenaktivitäten, Freikörperkultur, gemeinsames Singen oder gar anstrengende körperliche Arbeit. Der natürliche Heilungsprozeß wird durch Ruhe gefördert.

Das Ruhen ist das Kernstück der Shadan-Behandlung. Der verstörte, neurotische Geist hat sich bei der Bekämpfung seiner eigenen Erkrankung erschöpft. Er benötigt Ruhe, um psychische Energie für den natürlichen Heilungsprozeß zu sammeln. Der Patient braucht keine Belehrungen oder Verhaltensmaßregeln, deren Ziel es wäre, ihn zu mobilisieren. Dadurch wird nur die Geistestätigkeit angeregt, der doch nichts als die Ruhe fehlt.

Um unser Verständnis von Hiresakis Ansichten über geistige Störungen zu vertiefen, wollen wir für einen Augenblick zu seiner Einteilung in natürliche psychische Vorgänge und kulturell/ideologisch bedingte Bewußtseinsinhalte im Geist eines Menschen zurückkehren. Die erstgenannten werden von Psychologen und Psychiatern gründlich erforscht und behandelt; mit den zweiten können die Sozialwissenschaftler und Erzieher am besten umgehen. Dann gibt es noch eine dritte Kategorie, die das Selbstgefühl, das „Ichsein" betrifft, das jedem Individuum eigen ist. Dieses Ichsein unterscheidet sich laut Hiresaki qualitativ von den psychischen Prozessen und Inhalten und liegt genaugenommen im Bereich des Religiösen. Zusammenfassend heißt das, daß ich erstens ein Gehirn mit den zugehörigen Denk- und Empfindungsvorgängen bin, zweitens der Inhalt meines Denkens und drittens mein Selbstgefühl. Derjenige, der eine Psychotherapie braucht, hat Probleme mit seinem Denken und Empfinden. Er muß diesen Vorgängen Ruhe gönnen.

Methode

Wie kann nun der Neurotiker am besten seine Gedanken und Gefühle zur Ruhe bringen? Als Modell wird wiederum die physische Erkrankung herangezogen: Bettruhe heißt der Schlüssel zum Erfolg. Durch die vielen von der Außenwelt ausgehenden Sinnesreize wird die Geistestätigkeit nur noch stärker angeregt. Darum ist die Isolation an einem ruhigen Ort das Richtige. Nun steht die isolierte Bettruhe zwar im Mittelpunkt der Shadan-Therapie, aber sie stellt nicht die ganze Behandlung dar. Es gibt eine ganze Reihe von Behandlungsformen und -variationen in der Shadan-Therapie, und die Shadan-Therapeuten in Japan behandeln Neurotiker und jugendliche Straftäter in recht unterschiedlicher Weise. Jeder hat seinen eigenen Stil.

Zum Beispiel kann der Patient im eigenen Haus, im Krankenhaus oder, wenn nötig, in einer Gefängniszelle isoliert werden. Für den ersten Tag, manchmal auch länger, wird dem Patienten nichts aufgetragen, außer das Bett zu hüten, drei Mahlzeiten pro Tag zu sich zu nehmen und seinen natürlichen Bedürfnissen nachzukommen. Ideal ist es, wenn er sein Zimmer in dieser Eingangsphase nicht verläßt; sollten sich Toilette und Waschgelegenheit außerhalb des Zimmers befinden, muß er bei dem entsprechenden Gang jeden Kontakt zu anderen meiden.

Ebenso wie der Körper trotz der Ruhe Bewegung braucht, um nicht immer schwächer zu werden, muß auch der Geist geübt werden, um nicht nachzulassen, und dieses Training nennen die Shadan-Therapeuten „Geistesarbeit". Vom zweiten oder dritten Tag an (bei einer Form von Shadan sogar erst vom achten Tag an) wird dem Patienten eine einfache Aufgabe übertragen, die in etwa 20 Minuten zu bewerkstelligen ist. Er wird vielleicht aufgefordert, eine Seite aus einem Buch abzuschreiben, einfache mathematische Aufgaben zu lösen oder einen maximal zweiseitigen Tagesbericht zu verfassen. Der Therapeut sammelt die Produkte bei seinem kurzen Erscheinen zur Überprüfung des Gesamtbefindens seines Patienten still ein.

Langsam nimmt die Arbeit mehr Zeit in Anspruch, einige Tage lang jeweils 20 Minuten morgens und nachmittags, dann zweimal täglich 30 Minuten usw. Der vierte und fünfte Tag scheinen bei dieser Therapieform besonders wichtig zu sein – ebenso wie bei den bereits geschilderten Therapien. In dieser Phase erreichen die Zweifel des Patienten an dieser Behandlung ihren Höhepunkt. Er lehnt sich dagegen auf, um sie schließlich doch zu akzeptieren und Genesungsfortschritte zu machen.

Der Isolationsgrad variiert beträchtlich. Bei einer Form der Therapie wird dem Patienten vom 8. Tag an gestattet, ein Bad zu nehmen und mit anderen zusammen zu speisen, und vom 10. bis 15. Tag darf er einen 15minütigen Spaziergang machen. Bei einer strengeren Shadan-Form muß der Patient 30 Tage lang schweigen (mit seinem Doktor verständigt er sich durch Notizen, aber selbst dann erhält er weder schriftlich noch mündlich Antwort). Am 30. Tag darf er 5 Minuten spazierengehen; vom 35. Behandlungstag an darf er unter Umständen seine Familie kurz sehen und vom 40. Tag an vielleicht sein Essen auf einem Tablett selbst holen und sein Zimmer reinigen.

Inzwischen sind die Aufgaben für die tägliche „Geistesarbeit" vom einfachen Rechnen oder Abschreiben über die Lektüre von Natur-Sach-büchern (Geographie, Biologie, Zoologie usw.) bis hin zur Lektüre von Büchern über den Menschen erweitert worden. Dieser Progression lie-gen zwei Prinzipien zugrunde: 1. Das Geistestraining geht vom Einfa-chen allmählich zum Komplexen über (bei gleichzeitiger geistiger Sti-mulation). 2. Das Geistestraining ist weder Erholung noch Flucht. Des-halb sind Romane, Fernsehspiele, Unterhaltungsmagazine und derglei-chen verboten. Zwangloses Geplauder, Diskutieren und Klagen von seiten des Patienten oder Schelten von seiten des Therapeuten werden bei allen Shadan-Formen als unerwünschte Anreize gewertet und sind verboten, zumindest in den ersten paar Wochen.

Die Behandlung dauert zwischen 30 und 90 Tagen, je nach Einstel-lung des Therapeuten, der Diagnose und den Fortschritten des Patien-ten. In manchen Kliniken kann der Patient die Dauer seines Aufenthalts über eine empfohlene Mindestzeit hinaus selbst bestimmen. In anderen wieder setzt der Therapeut der Behandlung eine maximale Frist von vielleicht 50 Tagen. Weitere Richtlinien oder Gruppentreffen wie im Fall der Morita-Therapie gibt es für die Zeit nach der Entlassung nicht.

Die Vorteile

Diese Art der Behandlung erfordert nur minimalen Aufwand und wenig Überwachung. Shadan kann sogar beim Patienten zu Hause durchge-führt werden. Nach Maßgabe von Shadan-Therapeuten kann diese The-rapie nach kurzem Training und ohne entsprechende persönliche Erfahrungen erfolgen, da im Grunde die Ruhe und das schrittweise Gei-stestraining die Genesung herbeiführen. Die Tatsache, daß sie auf dem Modell einer körperlichen Erkrankung aufbaut, macht sie dem Patien-ten leichtverständlich.

Außerdem hat sie eine aufschlußreiche und interessante Strategie für den Umgang mit geistigen Störungen zu bieten, denn sie zwingt den Therapeuten, sich mit der Geistestätigkeit als solcher zu befassen und die gedanklichen Inhalte nur oberflächlich zu berühren. Diesen Ver-such, dem Heilungsanspruch der heutigen Psychotherapie das Erziehe-rische zu nehmen, finde ich äußerst reizvoll.

Vorsichtsmaßnahmen

Größte Vorsicht ist wohl geboten, weil diese Therapie im wesentlichen noch kaum erprobt ist. Sie ist die am wenigsten bekannte und am sel-

tensten praktizierte der stillen Therapien. Ich konnte keine breit ange-
legten systematischen Untersuchungen über ihre Effektivität finden.
Selbst die veröffentlichten Ergebnisse sind nicht alle überzeugend, was
den Erfolg betrifft.

Bei Hiresaki (1968, S. 389-401) sind in aller Kürze 13 erfolgreich
behandelte Fälle nebst Beschreibung der veränderten psychologischen
Testprofile nach der Therapie wiedergegeben. Bei den Fällen, Männern
wie Frauen, war ein repräsentativer Querschnitt von Neurotikern, Süch-
tigen und jugendlichen Kriminellen gegeben. Diverse Altersstufen
waren vertreten, von einem 5jährigen Problemkind bis hin zu einem
soziopathischen Spieler. Ich konnte keine breitangelegte Statistik oder
Angaben über Kontrollgruppen in dieser Schlüsselpublikation finden.

Ernstlich zu warnen ist auch vor den Gefahren, die diese Behandlung
für psychotische und depressive Patienten bergen könnte, wenn nicht
für eine entsprechende Medikation und Überwachung gesorgt wird.
Durch eine lange Bettruhe verursachte physiologische Veränderungen
sollten genauestens untersucht werden. Die Patienten müssen darüber
informiert sein, daß es ihnen freisteht, die Behandlung jederzeit abzu-
brechen; sie sollten allerdings auch unterrichtet werden, daß die erste
Woche in der Regel die schwierigste ist und daß die Behandlung nur
dann eine Wirkung zeigen kann, wenn sie die unangenehme, von
Zweifeln begleitete Anfangsphase durchstehen.

Obgleich ich selbst in der Shadan-Therapie keine praktischen Erfahrungen als Patient oder Therapeut gesammelt habe, will mir scheinen,
daß die Eingangsphase durchaus mit der Woche isolierter Bettruhe bei
der im 1. Kapitel erläuterten Morita-Therapie vergleichbar ist.

Fallgeschichten (nach Kaketa)

Fall 1: Frau T. Y. ist 53 Jahre alt und Hausfrau. Sie ist relativ extraver-
tiert, aber zugleich ruhig, sensibel und gefällig. Sie legte die
Abschlußprüfung an einer High-School für Mädchen ab und heiratete
im Alter von 25 Jahren. Ihr Mann ist ein aufrechter, freundlicher
Mensch; er ist Bankangestellter. Das Ehepaar hat drei Söhne und zwei
Töchter.

Vor etwa zehn Jahren, nach der Geburt ihres letzten Kindes, fing sie
an, sich darüber Sorgen zu machen, daß Lepra-Erreger im Haus sein
könnten. Als die Familie fünf Jahre später in ein neugebautes Haus
umzog, wurde auch der Gegenstand, den sie für die Quelle der Erreger

hielt, mitgenommen, und so machte sie sich wieder Gedanken, ob dadurch vielleicht das neue Heim verseucht würde. Wegen ihrer Angst kam sie allmählich ihren häuslichen Pflichten nicht mehr nach.

Sie versuchte, ihren Mann und die Kinder dazu zu bewegen, sich oft die Hände zu waschen, und sie verlangte von ihnen, sich ein antiseptisches Mittel über die Hände zu gießen, wenn sie die Toilette benutzt hatten. War sie außer Haus, weigerte sie sich, zur Toilette zu gehen. Einen Tag, bevor sie ausging, um einzukaufen oder etwas anderes zu erledigen, pflegte sie ihre gesamte Kleidung zu sterilisieren, und ehe sie das Haus verließ, desinfizierte sie sich den Kopf mit einem Antiseptikum. Sie begab sich einige Male zu einer Klinik, stellte ihre Besuche jedoch ein aus Angst, die Krankenkassenunterlagen könnten verseucht sein. Die Symptome dauerten fort, bis sie schließlich ins Krankenhaus eingewiesen wurde.

Bei ihrer Aufnahme ins Krankenhaus litt sie außer an den obengenannten Beschwerden noch an Schlaflosigkeit, ein Zustand, der schon drei Monate angehalten hatte. Sie hielt sich für anormal und wollte um jeden Preis von ihren Symptomen befreit werden. In der Hoffnung, zu genesen, versprach sie, ihr Bestes zu tun und alle einschränkenden Vorschriften der Isolationstherapie gewissenhaft zu befolgen.

Im folgenden Auszüge aus dem Tagebuch der Patientin:

„Ungefähr am zweiten oder dritten Tag fühlte ich einen Druck auf meiner Brust, ein unangenehmes Eingeschnürtsein. Vom allerersten Tag an litt ich unter Schlaflosigkeit. Als ich versuchte, störende Geräusche zu überhören, wurden sie nur noch unerträglicher. Am dritten oder vierten Tag fing plötzlich mein Herz stark zu klopfen an und schüttelte mich am ganzen Körper so, daß ich dachte, sterben zu müssen. Als mir klarwurde, was mit mir geschah, habe ich laut aufgeschrien. Dann zog ich die Möglichkeit in Betracht, diese Erscheinungen könnten Teil der Therapie sein, und machte mir nun Sorgen, ich könnte die Therapie durch mein Geschrei verdorben haben. Da ich nicht mit dem Doktor oder der Schwester über diese Sache reden konnte, wuchs meine Angst nur noch mehr. Ich litt weiter unter Schlaflosigkeit und konnte nicht mehr klar denken. Aber an diesem Punkt kam mir zu Bewußtsein, daß ich selbst für meine Genesung verantwortlich war. Ich sagte mir immer wieder, ich säße wegen meiner eigenen Wahnvorstellungen in diesem Schlamassel."

10. Tag: „Diese Nacht fürchtete ich die etwaige Schlaflosigkeit.

Manchmal bin ich durch diese Aussicht am ganzen Körper angespannt und schweißgebadet. Woran soll ich bloß denken, um einschlafen zu können? Wie kann ich nur diese Spannung loswerden?"

11. bis 13. Tag: „Werden mir die verschiedenen Beschwerden, die ich habe, nach der Therapie wie etwas Erfreuliches vorkommen? Wenn ich doch nur das Fenster öffnen und frische Luft atmen könnte, wie wohl täte das meinem Seelenfrieden! Ob sich meine Einstellung verändert hat, wenn ich zum normalen Leben zurückkehre? Ich bin voller Erwartung."

14. Tag: „Als ich schlief, verspannte sich mein Körper irgendwo, und ich wachte auf. Wenn ich soweit geheilt bin, daß ich gut schlafe, werden meine Kräfte allmählich wiederkehren. Ich will ein starker Mensch werden. Ich unterziehe mich dieser Therapie, um mich selbst weiterzuentwickeln. Ich muß die noch verbleibende Zeit gut nutzen... "

Vom 17. Tag an wurde Frau Y. angewiesen, zu Übungszwecken Briefe abzuschreiben.

„Ich habe mich gefangen. Diese Tage müssen ihren Sinn haben, denke ich angesichts ihrer Wichtigkeit und der Tatsache, daß sie nie mehr wiederkehren werden. Ich bin froh, daß ich mich körperlich von Tag zu Tag wohler fühle. Ich bin unendlich dankbar für die Freuden eines jeden Tages."

29. Tag: „Plötzlich verging das ungute Gefühl, das ich immer hatte, wenn ich mir nicht die Hände wusch. Mir wurde ganz deutlich bewußt, daß ich zu der Sorte Mensch gehöre, die sich übermäßig zu Herzen nimmt, was andere von ihr denken. Aber warum habe ich noch immer Schlafstörungen, obgleich ich jetzt stabiler bin?"

31. Tag (ein kurzer Spaziergang ist gestattet): „Welche Weite ist doch draußen! Ich spüre, daß auch mein Herz nach draußen drängt. Ich habe bis jetzt nur nach innen geschaut. Mir kommt diese Welt draußen irgendwie sinnerfüllt vor. Das Geräusch von tropfendem Wasser macht mir jetzt nichts mehr aus. Ich habe lange und tief darüber nachgedacht, warum ich nicht schlafen kann. Vielleicht liegt es an meiner Einstellung oder meinen Gedankengängen, jedenfalls verstehe ich einfach nicht, wieso ich diese Schwierigkeiten habe."

Kurz vor Ende der Therapie: „Ich hab's geschafft, und zwar allein. Nun geht es aufwärts, und ich kann alles machen. Meine Kinder sind jetzt im heiratsfähigen Alter, und ich muß sehen, daß ich sie bald gut verheirate."

Fall 2: Frau Y. S. ist 34 Jahre alt und war früher bei einem Zeitschriftenverlag angestellt. Sie ist eigensinnig, neugierig und halsstarrig. Sie hat allerlei Allüren und neigt zur Perfektion.

Im zweiten High-School-Jahr bemerkte Frau S., wie ihre beste Freundin ein langes Gespräch mit einer anderen Klassenkameradin hatte, und wurde eifersüchtig. Dann machte sie sich Gedanken darum, ihre Freundin könnte ihr die Eifersucht anmerken, wenn sie später miteinander redeten. Sie sorgte sich, ihre Augen könnten sie verraten. Von da an wich sie aus Sorge generell dem Blick anderer Leute aus. Sie fing in Gegenwart anderer an zu zittern. Aufgrund ihrer Gehemmtheit gab sie ihren Posten als Klassensprecherin auf. Sie fühlte sich außerordentlich unbehaglich in Gesellschaft anderer Menschen.

Im Sommer ihres letzten College-Jahres wollte sie eine Einstellungsprüfung ablegen, aber bei dem betreffenden Gespräch war sie nicht in der Lage, Fragen zu beantworten, weil sie meinte, der Fragesteller könne ihre Gefühle an ihren Augen ablesen. Deshalb bestand sie die Prüfung nicht. Sie suchte einen Arzt auf, der ihr ein Beruhigungsmittel verschrieb. Das Medikament entspannte sie. Sie konnte sich für eine Tätigkeit qualifizieren, stand sogar das Einstellungsgespräch durch und erhielt die Zusage. Das Beruhigungsmittel nahm sie noch etwa zehn Jahre ein.

Ungefähr sechs Monate vor ihrem Schulabschluß heiratete sie gegen den Willen ihres Vaters einen Freund. Mit den Jahren erhöhte sich ihr Konsum an Beruhigungsmitteln, bis sie schließlich zehn Pillen pro Tag schluckte; besonders hohe Dosen nahm sie zu sich, wenn sie mit anderen Leuten zu tun hatte. Sie wollte keine Tabletten mehr nehmen und sich endlich nicht mehr unbehaglich fühlen in Gegenwart anderer. Deshalb unterzog sie sich einer stationären Behandlung durch die Morita-Therapie. Aber während der Behandlung nahm sie wieder Beruhigungsmittel und wurde aus der Klinik entlassen. Sie versuchte, mit der Tabletteneinnahme aufzuhören, aber ihre Angst wollte ohne Pillen nicht von ihr weichen. Sie wechselte zu einem milderen Tranquilizer, der jedoch selbst bei einer Dosierung von 20 Tabletten am Tag nicht wirkte.

In der Zwischenzeit wurde ihr Ehemann wegen Alkoholismus in ein

Krankenhaus eingewiesen, und sie einigten sich auf eine Scheidung. Danach ging sie in eine Klinik und ließ sich dort sechs Monate lang behandeln, um wieder mit sich ins reine zu kommen und ihrer Angestelltentätigkeit besser nachgehen zu können. Ihr Befinden besserte sich, und sie wurde entlassen, aber sie war nicht in der Lage, wieder zu arbeiten. Ihr Ex-Mann wollte sich mit ihr aussöhnen. Damit wuchsen wieder Leidensdruck und Angst, sie nahm wieder ein leichtes Beruhigungsmittel und fand nach einiger Zeit erneut Aufnahme in der Klinik. Während ihres Klinikaufenthaltes erhielt sie Medikamente, aber Angst und Menschenscheu vergingen ebensowenig wie ihre Schlaflosigkeit. Schließlich wurde ihr die Shadan-Isolation verordnet.

Am fünften oder sechsten Tag ihrer Isolierung wurde Frau S. gestattet, die Toilette außerhalb ihres Zimmers zu benutzen. Im folgenden Ausschnitte aus ihrem Tagebuch:

„Die Isolation ist mir nicht unangenehm gewesen. Ich wollte es ja damit probieren. Ich will mit mir ins reine kommen."

8. Tag: „Nach einer Woche Schweigen ist das eine reine Freude. Ich bin gespannt und aufgeregt. Mein Appetit ist besser geworden, seit ich isoliert bin. Vielleicht bin ich leichtfertig, vielleicht krank, aber ich warte auf den Tag, an dem ich meine Beschwerden loswerde."

9. Tag: „Vielleicht wäre die Morita-Therapie gut gewesen. Dahinter steht eine vernünftige Theorie, die man begreifen kann. Wenn man sich in seinem Leben mit der Wirklichkeit abfinden könnte, 'wie sie ist', welche Freude wäre das!"

11. Tag: „Ich bin zwar schon zu 60 oder 70 Prozent geheilt, bin jedoch seit kurzem pessimistisch. Der Tod hebt lauernd sein Haupt. Früher habe ich mir des öfteren die zweifelhaften Segnungen von Beruhigungsmitteln gegönnt. Ich bin von ihnen verführt worden. Wenn ich nicht durch Shadan geheilt werde, will ich lieber sterben."

16. Tag: „Wenn Shadan versagt, gibt es keine Rettung mehr für mich. Nachts, wenn der Doktor seine Runde dreht, erfüllt mich Entsetzen. Mir ist, als würde etwas herausgezerrt und in Stücke geschlagen."

18. Tag: „Heute waren die Rundgänge des Doktors überhaupt nicht entsetzenerregend. Ich habe mich nicht darüber aufgeregt und mich nicht davon beeindrucken lassen. Vielleicht bin ich geheilt. Ich bete, daß es nicht bloß ein Zufall ist. Ich habe angefangen, Briefe abzuschreiben. Erstaunlicherweise fand ich das Kopieren der Schriftzeichen recht

interessant. Ich mache mir Gedanken darüber, was wohl nach dem Shadan passiert. Ich werde natürlich keine Medikamente mehr nehmen. Ich bin zuversichtlich, trotz meiner Symptome durchzuhalten. Vielleicht habe ich diese Zuversicht dem Shadan zu verdanken. Anscheinend vollzieht sich irgendeine Wandlung in irgendeinem verborgenen Winkel meiner selbst."

20. Tag: „Gestern und heute ist mein Befinden weiterhin recht gut. Ich bin gelassener. Heute empfinde ich besondere Freude darüber, dem Ende der dritten Isolationswoche nahegekommen zu sein. Ich muß einfach darüber staunen!"

21. Tag: „Ich bin es satt, mich zu langweilen und so eingeschränkt zu sein. Ich warte auf den lästigen Doktor und die Schwester. Ich möchte jetzt mit jemandem sprechen können. Ich will mit den anderen essen. Ich verspüre sogar den Wunsch, Tennis zu spielen."

22. Tag: „Vergangene Nacht habe ich fest geschlafen. Es ist unglaublich, ohne Beruhigungsmittel so lange zu schlafen. Meine Abhängigkeit von Medikamenten verschwindet allmählich."

24. Tag (Beginn der Lektüre-Aufgaben): „Heute bin ich wieder deprimiert. Ich will mit niemandem zusammen sein. Meine Angst und mein innerer Druck werden wieder stärker. Dieser Zustand hält auch beim Lesen noch an. Wenn sich meine Stimmung verschlechtert, bekomme ich Herzklopfen. Was ich lese, bleibt mir nicht im Gedächtnis. Die Depression verwandelt sich in Menschenscheu; ich gebe schließlich auf und weine. Sowie ich meine Fassung wiedergewonnen habe, sind nur noch die Zweifel da."

28. Tag: „Es wird kein Wunder geschehen. Ich dachte, irgendwann wäre das Leiden wie weggeblasen, aber diese Gedanken sind mir ganz und gar vergangen. Ich bin nur müde. Ich will meine Tranquilizer."

30. Tag: „Eine Nebenwirkung des Shadan scheint die zu sein, daß ich schlafen kann. Offenbar muß ich in den sauren Apfel beißen und diese schwierige Therapie durchhalten, um von meiner Schlaflosigkeit geheilt zu werden."

34. Tag (Bewilligung eines kurzen Spaziergangs): „Auf meinem Spaziergang habe ich einen Patienten getroffen, den ich länger nicht gesehen hatte. Ich war ängstlich und verstört, merkte jedoch zu meinem Erstaunen, daß meine normalen Symptome ausblieben. Allem Anschein nach hat wirklich eine tiefgreifende Veränderung bei mir stattgefunden."

37. Tag: „Ich vermochte trotz meiner großen Angst in den Tagesraum hinüberzugehen. Im Vergleich zu früher geht es mir besser."

38. Tag: „Ich glaube, mehr wird sich nicht verändern. Ob ich draußen zurechtkomme oder nicht, auf jeden Fall muß ich einmal den Anfang machen."

39. Tag: „Voller Angst habe ich eine Unterhaltung begonnen. Die Welt ist offenbar ganz nett. Heute habe ich das Gefühl, an einem großen Wendepunkt angelangt zu sein."

45. Tag: „Ich konnte schlafen. Ich bin jetzt zu etwa 80 Prozent fähig, mich von dem Zwang freizumachen, den die Tabletten auf mich ausgeübt haben. Die anderen 20 Prozent schaffe ich sicher auch noch, wenn ich gesund bin. Der Druck ist immer noch da, was immer ich auch anfange."

Nach Beendigung der Shadan-Therapie im Krankenhaus war Frau S. zwar erfreut darüber, besser schlafen zu können, hatte jedoch immer noch Zweifel an der Therapie. Es widerstrebte ihr auch, in die Gesellschaft zurückzukehren, und sie hatte Angst, die Klinik zu verlassen. Aus der Isolation heraus, suchte sie sich Arbeit, traf die nötigen Vorbereitungen für ihr weiteres Leben und wurde dann aus der Klinik entlassen. Wie bereits am 11. Tag meinte sie, durch die Shadan-Therapie ginge es ihr um 60 bis 70 Prozent besser.

Die Effektivität

Ich könnte noch viele Fallbeispiele anführen, will jedoch an dieser Stelle lieber die Punkte zusammenfassend noch einmal aufgreifen, die im Shadan, aber auch in anderen Therapien immer wieder vorkommen.

Anfangs erwarten die Patienten eine Art Wunder. Sie hoffen darauf, daß ihre Spannungen, ihre Sorgen und Ängste vergehen und sie wieder schlafen können. Die Zeit verrinnt, und es geht ihnen besser, dann wieder schlechter, wieder besser, wieder schlechter usw. Ganz allmählich nehmen sie die unvermeidlichen emotionalen Höhen und Tiefen einfach hin. Auch wenn sie weiterhin den Wunsch haben, zu erfahren, *warum* sie eigentlich leiden, wendet sich ihre Aufmerksamkeit doch langsam ihrer *Reaktion* auf diese wiederkehrenden Gefühle zu, der entsprechenden Einstellung und Verhaltensweise. Es wird sie unter Umständen überraschen, welches Vergnügen sie bei Routineaktivitäten empfinden. Nach und nach erkennen sie die Ichbezogenheit ihres früheren Lebensstils, und dann übernehmen sie auch die Verantwortung für ihre Reaktion auf innere und äußere Reize.

Letztendlich macht ihnen niemand Vorschriften, wie sie im Shadan reagieren sollten. Niemand belehrt sie, schmeichelt ihnen oder bestimmt ihr Dasein so, wie es Eltern oder Lebensberater tun. Es gibt nicht einmal einen unbewegten Psychoanalytiker, der ihnen gelegentlich Interpretationen liefern würde, oder einen zurückhaltenden Therapeuten, der sie behutsam zum Nachdenken anregen würde. Und doch treten Veränderungen auf. Sie entwickeln langsam eine soziale Ader. Sie denken auf einmal an die bevorstehende Verheiratung ihrer Kinder, an eine einträgliche berufliche Tätigkeit. Mit diesen fürsorglichen Gedanken zugleich erwacht der Wunsch, wieder auf die Beine zu kommen und aktiv zu werden. Frau Y. ging davon aus, „daß diese Tage nie mehr wiederkehren". Die Tatsache, daß sie trotz ihrer schwankenden Gemütslage ein so strenges Reglement auszuhalten vermochten, gibt den Patienten einiges Zutrauen, auch mit dem Reglement des normalen Alltagslebens zurechtzukommen.

Obgleich Material aus Fallstudien veröffentlicht worden ist, weiß ich von keiner fundierten Forschungsarbeit über die Effektivität von Shadan, für sich allein oder im Vergleich zu anderen Therapien. Andererseits besteht kein Mangel an Patienten, die bereit sind, durch Shadan bewirkte Veränderungen in ihrem Leben unter Beweis zu stellen.

V
Seiza:
Therapie durch Stillsitzen

Seiza (das stille Sitzen) zielt wie die Shadan-Therapie darauf ab, durch ruhige Entspannung die fundamentalen Heilkräfte der Natur zu mobilisieren. Im Gegensatz zu den Shadan-Therapeuten sehen die Seiza-Therapeuten jedoch Ruhe allein als ungenügend für eine Heilung an. Der Patient muß vielmehr darin geübt werden, richtig zu sitzen und zu atmen, um die jedem Menschen innewohnenden natürlichen Kräfte voll ausschöpfen zu können. Tägliches Üben von Seiza morgens und abends jeweils eine halbe Stunde lang scheint für viele Menschen ausreichend zu sein. Manche fügen noch eine mittägliche Übungsperiode ein. Seiza kann überall durchgeführt werden. Die Therapeuten empfehlen ihren Klienten, ab und zu an einem Gruppensitzen teilzunehmen, um zu prüfen, ob sie Fortschritte gemacht haben, und um die Gelegenheit zur gegenseitigen Rückenstärkung wahrzunehmen. Ich selbst habe kurze, über den Tag verteilte Sitzperioden (allerdings in jeweils angepaßter Sitzposition) für nützlich befunden – im Büro, in öffentlichen Verkehrsmitteln, vor Vorlesungen usw. Der Geisteszustand von Wachsamkeit und gleichzeitiger Ruhe, wie er auch bei anderen meditativen Therapien angestrebt wird, hält über die eigentliche Meditationszeit hinaus an. Ideal wäre es, aus dieser psychologischen Haltung einen Dauerzustand zu machen, das heißt sich regelmäßig wiederaufzuladen, in diesem Fall durch die Technik des Seiza.

Der Seiza-Stil, mit dem ich mich vertraut gemacht habe, wurde Anfang dieses Jahrhunderts von Okada Torajiro begründet und wird derzeit von Keigo Yokoyama praktiziert, dem Direktor eines Krankenhauses in der Präfektur Shizuoka. Die Grundelemente von Seiza sind jedoch schon in 1000 Jahre alten chinesischen und japanischen Schriften zu finden.

Eine Mittelposition, die erwähnenswert ist, nimmt der Klinikdirektor Sanzaburo Kobayashi in Kyoto ein, der Okadas Methode bei Neurosen anwendet. Kobayashi war von Jugend an schwächlich, er hatte eine Menge physischer und persönlicher Probleme und litt unter anderem unter verschiedenen Verdauungsbeschwerden, Schlaflosigkeit und

Depressionen. Fast 20 Leidensjahre hindurch probierte er erfolglos Medikamente und Diäten aus, aber erst Okadas Methode kurierte ihn. Er begann, die Technik bei Patienten mit körperbezogenen psychischen Problemen anzuwenden, um sie schließlich bei allen geistigen Störungen einzusetzen und darüber hinaus denen zu empfehlen, die an ihrer Selbstentfaltung interessiert waren. Heute werden mit dieser Methode Neurosen, Appetitlosigkeit, Verdauungs- und Ausscheidungsprobleme, Kreislaufstörungen, Kopfschmerzen, Verspannungen in Nacken und Schultern sowie die verschiedensten chronischen Leiden geheilt. Berichten zufolge sind dabei außerdem noch andere positive Nebenwirkungen zu beobachten, darunter erwünschte Gewichtszunahme, eine verringerte Anfälligkeit für Erkältungskrankheiten, eine bessere Selbstbeherrschung, größere Geduld und Ausdauer, klareres Denken und eine gelassenere Lebensanschauung.

Die Sitzhaltung

Die Sitzhaltung für Seiza ist in Abbildung 1 zu sehen. Der Klient hockt in aufrechter Haltung im sogenannten Fersensitz auf dem Boden. Sein Gesäß ruht auf den Innenflächen der Fußsohlen. Diese Sitzhaltung ist in ganz Japan verbreitet; sie wird von Frauen bei vielerlei Alltagsverrichtungen eingenommen und bei offiziellen Anlässen von beiden Geschlechtern. Beim Seiza sind jedoch einige Verfeinerungen dieser allgemeinen Sitzposition zu beachten. Der Rücken darf nicht vornübergebeugt sein; die Wirbelsäule beschreibt eine leichte Kurve, wird im Kreuz ein wenig durchgedrückt und ist nur in Höhe der Schultern, die etwas vorgeschoben werden, nach vorn geneigt. Auf diese Weise bildet sie ein S, dessen Achse insgesamt leicht vorwärts geneigt ist.

Der Kopf wird gerade gehalten und nur durch den leichten Winkel des Oberkörpers fast unmerklich nach vorn geschoben. Die Hände sind locker ineinandergelegt, wobei die Rechte den Daumen der Linken umschließt, und ruhen unter dem Nabel. Die Knie sind bei Männern ungefähr zwei, bei Frauen eine Handbreit auseinander. Augen und Mund werden geschlossen. Insgesamt habe ich das Gefühl, daß bei dieser Position durch die leicht nach vorn geschobenen Schultern, die geringfügige Vorwärtsneigung des Oberkörpers, die schwache Krümmung der Wirbelsäule im Beckenbereich und die verschränkten Hände so etwas wie ein in die Länge gezogener Kreisabschnitt beschrieben wird. Bei einiger Übertreibung der Position könnte man sagen, daß ein

Falsch: gerader Rücken   Falsch: gekrümmter Rücken

Richtige Sitzhaltung

Fußstellung   Handhaltung

Abb.1: Die Seiza-Sitzhaltung (aus Seiza Ryoho *von Keigo Yokoyama, 1974, mit freundlicher Genehmigung des Autors).*

Abb.2: Seiza-Sitzhaltung auf einem Stuhl.

an den Körper angelegter Ballon an mehreren Punkten von Schultern, Kinn, Brust, Unterleib und Händen berührt würde.

Die Sitzhaltung ist, auch wenn die Beschreibung etwas kompliziert klingt, im Grunde einfach, natürlich und relativ bequem. Zweierlei erhöht die Bequemlichkeit noch. Erstens die Benutzung eines flachen Kissens zum Schutz von Knien und Füßen. (Dafür kommt alles, was nicht zu fest und nicht zu weich ist, in Frage – Schaumgummi, eine dicke Matte oder auch Sand am Strand.) Zweitens hilft es, sich ein paar Minuten lang vom Gesäß auf die Knie aufzurichten, wenn das Körpergewicht die Blutzirkulation abgeklemmt hat und die Füße eingeschlafen sind.

Bei entsprechender Übung ist man jedoch im allgemeinen durchaus in der Lage, ohne merkliche Probleme 30 Minuten in dieser Position zu verharren. Wer Probleme mit der Haltung hat, kann ein dickes Kissen zwischen Gesäß und Füße legen, um das Gewicht besser zu verteilen und die Knie nicht so stark anwinkeln zu müssen.

Eine Alternative zu dieser Sitzhaltung, die allerdings weniger effektiv und auch nicht so ästhetisch, dafür aber für Westler wie für viele junge

1. DIE EINATMUNGSPHASE

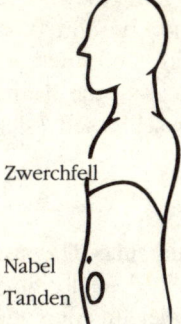  

Zwerchfell

Nabel
Tanden

a) Ruhe.

b) Das Zwerchfell bewegt sich
nach unten.
Die Solarplexus-Region
wird aufgebläht.

c) Das Zwerchfell bewegt
sich noch weiter
nach unten.
Es entsteht ein gleich-
mäßiger Druck im
Unterbauch.

2. DIE AUSATMUNGSPHASE

a) Der Druck wird auf-
rechterhalten.
Das Zwerchfell bewegt
sich langsam nach oben.

b) Leicht entspannte
Solarplexus-Region.
Das Zwerchfell bewegt sich
weiter nach oben.

c) Ruhe.

Abb.3: Die Seiza-Atmung (aus Seiza Ryoho *von Keigo Yokoyama, 1974, mit freundlicher Genehmigung des Autors).*

Japaner bequemer ist, bietet ein Stuhl. Man sitzt, ohne sich anzulehnen, ziemlich vorn auf der Stuhlkante, die Füße mit geringem Abstand fest auf dem Boden. Wie bei der eben geschilderten Position beschreibt die Wirbelsäule dabei eine deutliche S-Kurve; die Schultern sind auch jetzt ein wenig vorgeschoben, der Kopf gerade aufgerichtet, die Hände ruhen auf dem Schoß, Augen und Mund bleiben geschlossen (siehe Abbildung 2).

Das Atmen

Richtiges Atmen ist das zweite wichtige Element der Seiza-Therapie. Die zuvor beschriebene Sitzhaltung wird unter anderem deshalb eingenommen, um das richtige Atmen zu erleichtern, und der im folgenden erläuterte geistige Vorgang ist sowohl eine Folge des Atmens im Okada-Stil als auch Mittel zu diesem Zweck. Der Atem wird beim Seiza auf einen Punkt einige Fingerbreit unter dem Nabel konzentriert, an dem nach japanischer Auffassung der Schwerpunkt des Körpers, der *Tanden*, liegt. Bei richtiger Übung von Seiza dehnt sich der Brustkorb weder aus noch zieht er sich zusammen, ebensowenig wie sich die Schultern heben und senken.

Beim Einatmen senkt sich das Zwerchfell, während sich die Solarplexus-Region mit Luft füllt und nach vorn gedrückt wird. Dadurch wird in dem Bereich unter dem Zwerchfell ein Druckgefühl erzeugt. Zu Beginn des Ausatmens entspannt sich die Solarplexus-Region wieder leicht, während der Druck im Unterbauch zunächst noch bleibt. Sobald die Solarplexus-Region ein wenig gelockert ist, hebt sich das Zwerchfell von selbst wieder, und man atmet ganz aus (siehe Abbildung 3). In dem Augenblick, in dem einem die Luft ausgeht, beginnt das nächste Einatmen. Erneut darf Luft geräuschlos durch die Nase einströmen, die Lungen füllen und die Solarplexus-Region aufblähen. Nach entsprechender Übung nimmt das Einatmen nur ein Viertel der Zeit für das Ausatmen in Anspruch.

Das Hauptaugenmerk wird bei dieser Atemtechnik auf das Ausatmen gelegt. Die Aufmerksamkeit wird dabei ganz auf den Unterbauch konzentriert. Ohne Zwang oder Nachdruck wird die Luft langsam und leise durch die Nase ausgeatmet. Wie Dr. Yokoyama sagt, sollte so sanft ausgeatmet werden, daß ein an der Nasenspitze hängendes Kaninchenhaar nicht davonfliegt.

Der gleichmäßige Rhythmus dieser Art des Ein- und Ausatmens erfordert anfangs einige Konzentration, aber mit der Zeit stellt sich der Geist auf den Tanden ein und verweilt bei dem dortigen Druck.

Bei normalem Atmen wiederholt sich der Zyklus von Ein- und Ausatmung beim Durchschnittsmenschen etwa 15mal pro Minute. Während der Seiza-Übung verlangsamt sich das Tempo auf 6 bis 7 Atemzüge pro Minute, und Fortgeschrittene reduzieren ihre Atemzüge sogar auf 2 bis 3 pro Minute. Ziel des Anfängers ist nicht, die Zahl der Atemzüge pro Minute möglichst schnell zu verringern, sondern ganz locker und ohne Streß ein Maximum im richtigen Ausdehnen und Zusammenziehen zu erreichen.

Jetzt wird auch der Sinn der Sitzhaltung allmählich deutlich: Die Knie sind aus dem Weg und können somit das Vorwölben des Solarplexus oder Unterbauches nicht behindern. Die Schultern sind leicht nach vorn geneigt, so daß die Luft besser nach unten strömen kann, statt die ausgedehnten Lungenflügel zu füllen, wie es bei zurückgeschobenen Schultern der Fall wäre.

Probieren Sie es selbst einmal aus, indem Sie die Schultern erst nach vorn, dann nach hinten schieben und indem Sie die Knie einmal bis an die Brust anziehen, dann normal sitzen und zuletzt im Fersensitz hocken. Dadurch bekommen Sie ein Gespür dafür, wie vernünftig die Seiza-Haltung für die Bauchatmung ist.

Die Gedanken

Der Anfänger ist im allgemeinen beim Seiza-Üben vollkommen damit beschäftigt, die vorgeschriebene Position aufrechtzuerhalten und richtig zu atmen. Eingangs wird er noch Probleme mit den Beinen und im Rücken haben, aber ich selbst finde die Sitzhaltung des Seiza bequemer als die des *Zazen,* des Sitzens beim Zen.

Im Mittelpunkt der Konzentration sollten die Atemzüge stehen und deren gleichmäßiger Rhythmus. Ablenkungen werden beim Seiza genauso behandelt wie bei anderen meditativen Therapien. Der Meditierende ist angewiesen, nicht gegen abschweifende Gedanken oder sich ihm aufdrängende Sinnesreize anzukämpfen. Er soll sie weder abzustellen noch sich geistig gegen sie abzuschirmen versuchen, um sie fernzuhalten. Statt dessen soll er sie akzeptieren und sie ruhig durch seinen Geist ziehen lassen, während er sein Bewußtsein stets wieder auf das Atmen zurücklenkt.

Schließen Sie für einen Augenblick die Augen und versuchen Sie, nicht an die Geräusche zu denken, die eben an Ihr Ohr dringen. Viele Leser werden jetzt merken, daß sie nur sensibler für die Geräusche werden, wenn sie sie aus ihrem Wahrnehmungsbereich ausgrenzen und sich mit aller Macht taub stellen wollen.

Doch sowie Sie sich wieder auf dieses Buch konzentrieren, verstummen die Geräusche allmählich, und in den Vordergrund des Bewußtseins tritt jetzt der Inhalt des Buches. Seiza hat zum Ziel, das Bewußtsein ganz und gar mit dem rhythmischen Atmen zu erfüllen.

Der Klient schläft bei der Übung nicht und ist auch nicht hypnotisiert. Er ist vielmehr völlig in Anspruch genommen durch die beruhigende innere Welt eines grundlegenden biologischen Prozesses. Er ist weder hilflos einem unentrinnbaren Schicksal ausgeliefert noch von der Realität abgeschnitten. Er ist nur auf eine innere Wirklichkeit eingestimmt, die ihn in die Lage versetzen soll, besser auf die Vermischung von Innen- und Außenwelt zu reagieren, aus der seine alltägliche Welt der Erscheinungen entsteht.

Physiologische Veränderungen

Es ist schwierig, die Veränderungen einzuschätzen, die sich im Geist eines Seiza-Übenden vollziehen. Seine Meditation zu unterbrechen, um ihn über seinen veränderten inneren Zustand zu befragen, wäre ebenso aufdringlich wie schädlich. Überdies ist er sich womöglich der Einstellungs- und Orientierungsveränderung sich selbst und seiner Welt gegenüber gar nicht bewußt.

Doch besteht immerhin die Möglichkeit, gewisse physiologische Erscheinungen beim Seiza kontinuierlich mit Hilfe von Instrumenten zu überprüfen und auftretende Veränderungen, die bei fast allen Klienten zu beobachten sind, aufzuzeichnen. Seiza-Übende haben eigenen Angaben zufolge oft warme Hände und Füße, eine kühle Stirn und vermehrten Speichelfluß. Die Meßinstrumente bestätigen diese Selbstdarstellungen Yokoyama hat feststellen können, daß sich der Puls verlangsamte, der Blutdruck sank (insbesondere bei Menschen mit erhöhtem Blutdruck), die Körpertemperatur unter der Zunge und an der Stirn herabgesetzt war, daß die Extremitäten durch eine verbesserte Blutzirkulation warm waren und der Speichelfluß angeregt war. Wie beim Zazen nimmt der Energieverbrauch des Körpers wahrscheinlich um 10 bis 20 Prozent ab.

Änderungen in der Einstellung

Wie bei den meisten meditativen Therapien wird der neue Klient von der Hoffnung getrieben, von seiner Neurose zu genesen, seine Ängste und Selbstzweifel zu überwinden, seine Gesundheit zu verbessern oder seinen Charakter zu bilden. Im Lauf der Zeit lernt er jedoch, darin unreife Phantasien zu sehen. Mit Seiza ist einfach nur bezweckt, stillzusitzen. Das mag auf den ersten Blick seltsam anmuten, doch ist gerade dies in verschiedenster Form ein wesentlicher Bestandteil vieler japanischer Psychotherapien. Was hat es für einen Sinn, bloß zum Zwecke des Sitzens zu sitzen? Wie steht es mit solchen Zielen wie der Selbstverwirklichung, der Überwindung von Angst und zwanghaften Verhaltensweisen, wie mit dem Gesunden?

Ich will versuchen, dieses scheinbare Paradox nach meinem Verständnis zu erklären. Unserem Verlangen, uns zu vervollkommnen, Ängste und Zwänge loszuwerden, uns einer besseren Gesundheit und größeren Wohlbefindens zu erfreuen, selbstsicherer zu sein und mehr Selbstvertrauen zu haben, all diesen Erwartungen liegt im Kern eine Unzufriedenheit mit dem zugrunde, was *ist,* und die Sehnsucht nach dem, was *sein könnte* oder *sein müßte.* Wenn dieser Konflikt zwischen dem Realen und dem Idealen gelöst werden könnte, würde die unnötige Unzufriedenheit und Angst verfliegen. Aber je angestrengter wir versuchen, die Kluft oder den Konflikt zu überwinden, um so mehr reiben wir uns in diesem Kraftakt auf. Es geht uns wie einer Fliege, die auf den Leim gegangen ist: Je mehr wir uns aus dem Leim herauszuwinden und freizumachen suchen, um so fester bleiben wir an ihm kleben. Die Lösung, die viele japanische Therapien in der einen oder anderen Form anzubieten haben, lautet, den Versuch einer Konfliktbeilegung aufzugeben und die Wirklichkeit statt dessen tätig zu akzeptieren. Beim Seiza wird man tätig, indem man sitzt. Das Sitzen ist ein Abbild der Orientierung, die man dem Leben gegenüber gewinnen kann. Es gibt vieles, was der Klient in der für das Sitzen anberaumten Zeit tun könnte. Aber er sitzt. Seine Gedanken könnten von Gegenstand zu Gegenstand huschen, und das tun sie manchmal auch; aber im allgemeinen konzentrieren sie sich auf Atmung und Sitzhaltung. Lohnt es sich, soviel Zeit und Mühe ins Sitzen zu investieren? Hat die Erfahrung des Sitzens gemessen an dem, was er statt dessen denken oder tun könnte, überhaupt einen Wert? Er bleibt sitzen.

Zu Anfang sitzt er vielleicht nur, weil er auf Genesung hofft, oder er hält nur aufgrund des sozialen Drucks durch, aber zuletzt wird er wahrscheinlich doch einfach nur noch akzeptieren, daß er sitzt. Dann schwirrt ihm nicht mehr so der Kopf von „könnte" und „sollte" und „müßte". Er sitzt einfach.

Wird diese Einstellung auch auf Nahrungsaufnahme, Bewegung, Darmentleerung, Maschineschreiben, Reden, Schlafen, Baden, kurz: auf alles im Leben übertragen, stellt sich ein Gefühl der Freiheit und Gelassenheit ein. Die Ziele verlieren sich deshalb aber nicht vollkommen. Ich kann mich bewegen und dennoch wissen, wohin ich gehe und warum. Selbst die Ziele werden jetzt als meiner Wirklichkeit zugehörig akzeptiert. Es ist kein Verlangen da, dieses Ziel statt jenes zu erwählen, und wäre es da, würde es einfach hingenommen, usw. Zweck des Sitzens ist das Sitzen. Und wenn es nicht so ist, dann ist es nicht so.

Fallgeschichten
Fall 1: Herr K. T., ein Lehrer mittleren Alters, hatte zehn Jahre lang Schlaf- und Beruhigungsmittel verschrieben bekommen, klagte jedoch weiterhin über Schlaflosigkeit. Er nahm vier Monate an ambulanten Seiza-Übungen teil und nahm gleichzeitig weiter Medikamente ein, ohne eine merkliche Erleichterung zu spüren. Danach wurde er in eine Klinik aufgenommen, die sich auf Seiza spezialisiert hatte, kam von seiner Schlafmittelsucht ab und vermochte nach drei Wochen regelmäßig und fest zu schlafen.

Ein Jahr nach seiner Entlassung schrieb er:

„Wenn ich nicht von Seiza erfahren hätte, wüßte ich nicht, wo ich jetzt wäre. Es ist kaum ein Jahr her, daß ich Seiza zu üben begonnen habe, und doch hat sich mein Leben vollkommen verändert. Vorher konnte ich nie schlafen, wenn ich nicht ein oder zwei Sorten Schlaftabletten eingenommen hatte. Mehr als zehn Jahre lang habe ich Schlafmittel geschluckt und war bereits drogensüchtig, aber genau eine Woche nach Beginn der Seiza-Übung in der Klinik konnte ich fest schlafen, nur weil ich mich durch eine Stunde Sitzen darauf vorbereitet habe.

Seit meiner Entlassung stehe ich Punkt 6 Uhr auf. Es ist wunderbar! Mein Leben hat sich dahingehend geändert, daß ich jetzt frühstücke und pünktlich zur Arbeit komme. Ich bin sogar kürzlich als erster dagewesen, obwohl ich den Weg in aller Muße zurückgelegt habe. Vielleicht ist es nicht erwähnenswert, aber ohne große Anstrengung um 6 Uhr früh aufzustehen bedeutet für mich eine drastische Veränderung meines bisherigen Lebensstils. Je betriebsamer ich heute bin, um so glücklicher und gesünder fühle ich mich. Ich habe 11 Kilogramm zugenommen. Seiza hat meinem Leben eine neue Perspektive gegeben, mir unendlich viele Morgenstunden vergoldet und erhellt. Ich glaube, für mich behaupten zu dürfen, daß Seiza das Leben selbst ist."

Fall 2: M. H., 58 Jahre alt und Frau eines Zen-Priesters, wurde in ein spezialisiertes Krankenhaus eingewiesen, weil sie unter einer zwanghaften Krebsangst und infolgedessen unter Schlaflosigkeit litt.

Sie hatte sich drei Jahre zuvor ein Magengeschwür operativ entfernen lassen müssen, seitdem war sie viele Male wegen ihrer Schlafstörungen und extremen Krebsangst im Krankenhaus gewesen. Nach einer Klinik-Woche Morita-Therapie mit strikter isolierter Bettruhe fing sie mit Seiza-Übungen an. Innerhalb weniger Tage verschwand ihre Phobie, während sie ihre Schlaflosigkeit fortan hinnahm, ohne dagegen anzukämpfen. Sie schreibt über diese einschneidende Veränderung:

„Am 27. Juli konnte ich auch nicht einen Augenblick schlafen, bis der Morgen graute. Ich stand benommen auf. Wie halte ich bloß den Tag über durch? fragte ich mich, als ich mir das Gesicht wusch. Ohne großen Eifer setzte ich mich zur Seiza-Übung hin. Ich weiß nicht mehr, wie lange ich saß, aber ich empfand keinerlei Unbehagen. Es war wunderbar – ich fühlte mich auf einmal erfrischt, wie neugeboren! Ich meinte, mich ein wenig betätigen zu müssen, und fing an zu putzen. Keine Schwierigkeit! Ich mähte den Rasen und führte diese Aufgabe fertig aus. Mir war, als hätte ich doch geschlafen. Schön! Nach dem Elend der letzten Nacht war der heutige Tag eine reine Freude.

Am 28. wurde mir bewußt, daß gestern ein Wendepunkt in meinem Leben eingetreten war. Obwohl ich auch vergangene Nacht nicht schlafen konnte, war ich nicht angegriffen dadurch. Schlaf oder nicht, mir soll es recht sein, dachte ich. Ich will mich auch ohne Schlaf freudig an die Arbeit machen. Und das Gefühl des Entspanntseins wird mir heute nacht beim Einschlafen helfen. Nach dem Morgen-Seiza war ich unaussprechlich glücklich. Bis gestern meinte ich noch, in diesem Hospital sterben zu müssen, aber nach dem Sitzen sah ich Licht in der dunklen Wolke meines Daseins. Mein Körper fühlte sich plötzlich ganz anders an; es war, als sei ein neues Selbst geschaffen worden. Auch das Befinden meines Magens hatte sich gebessert, und ich arbeitete den ganzen Tag voll Freude. Durch nur zwei Seiza-Sitzungen gestern morgen und abend sind die Ängste, die ich so lange Zeit mit mir herumgetragen habe, wie weggeblasen. Wenn Seiza ein Medikament wäre, brauchte ich bloß zweimal davon einzunehmen, um zu genesen. Ich weiß nicht, wie es morgen sein wird, denn ich lebe ganz im Heute. Die rohen Gemüse – Gurken, Kohl und ähnliches -, die ich zuvor nicht essen konnte, habe ich gestern und heute mit Genuß verspeist, ohne üble Nachwirkungen. Derlei habe ich Jahre nicht gegessen! Diesen Morgen bin ich ins Bad gegangen und habe mir den Staub von Körper und Geist gewaschen. Welch eine Befriedigung!"

Effektivität

Keigo Yokoyama verschickte einen Fragebogen an 375 ehemalige Patienten, die er wegen neurotischer und psychosomatischer Beschwerden während eines Zeitraums von zehn Jahren mit Seiza behandelt hatte. Von den 303 Personen, die den Fragebogen ausfüllten, gaben nahezu drei Viertel an, vollständig geheilt zu sein (die Symptome waren entweder verschwunden oder störten sie nicht mehr), und das restliche Viertel war mit Ausnahme von 11 Personen, die immer noch litten und in ihren Funktionen gestört waren, in der Lage, trotz der verbliebenen Symptome und der daraus resultierenden Angst ein normales Leben zu führen.

Diese Expatienten führten folgende Verbesserungen auf Seiza zurück: eine größere Gelassenheit (207 Befragte), mehr Appetit (123), weniger Schlafstörungen (122), Gewichtszunahme (99), eine bessere Kontrolle über Stimmungsschwankungen (97), weniger Verdauungsbeschwerden (96), weniger Erkältungen (70), und so geht die Liste weiter, von höherem Leistungsvermögen bis hinunter zu weniger Kopfschmerzen.

Auch hier gelten die eingangs aufgeführten Warnungen über die Bewertung der Effektivität bei den einzelnen Therapien, aber auf jeden Fall sind einige Patienten der Auffassung, dank Seiza erhebliche Fortschritte gemacht zu haben.

Nach meinen eigenen Erfahrungen ist die Seiza-Sitzhaltung für Zeitspannen von maximal 30 bis 40 Minuten recht bequem. Das innere Erleben beim Seiza gleicht in etwa dem, was das Atemzählen bei der Zazen-Meditation bewirkt. Ich nehme dabei wahr, wie mein Geist still wird, mein Bewußtsein in sich zu ruhen beginnt und sich ein dynamischer Friede ausbreitet. Während der ersten 10 bis 15 Minuten gehen mir noch Gedanken, Erinnerungen und Pläne durch den Kopf. Was mir wichtig erscheint oder immer wieder aufsteigt, notiere ich mir, um später darüber nachzudenken. Von allem anderen lasse ich augenblicklich mit Erfolg ab. Nach dieser anfänglichen Anstrengung des Normalbewußtseins, sich zu behaupten, kommt mein Geist langsam in ruhigere Gefilde, und dann vermag ich mich relativ ungestört auf das Atmen zu konzentrieren. Aus Gesprächen mit anderen, die regelmäßig und länger als ich Seiza praktizieren, weiß ich, daß fleißiges Üben die tiefere Meditationsebene früher zugänglich macht, noch mehr Energie freisetzt und die persönliche Stabilität merklich stärkt.

VI
Zen:
Therapie durch Meditation

Warum habe ich Zen in meine Abhandlung über japanische Psychotherapien mit aufgenommen? Ist das nicht eine Religion? Dafür halten ihn
jedenfalls viele Westler – für eine Art religiös-esoterischer Tradition aus
dem Fernen Osten. Wer hat nicht schon von Mönchen gelesen, die
Jahre mit der geistigen Konzentration auf Koans zubrachten – parado-
xen Rätseln, auf die es keine rationale Antwort gibt, wie etwa: „Welcher
Ton entsteht, wenn man mit einer Hand klatscht?"

Interessanterweise haben die Japaner eine eher am Praktischen orien-
tierte Auffassung vom Zen. Viele sehen in dieser Übung eine Form der
Selbstbeherrschung, ein Mittel, sich körperlich und geistig gesund zu
erhalten, eine Kunst mit kulturellem und geschichtlichem Hintergrund.
Eine ganze Reihe von Patienten, die ich kennenlernte, als ich mich der
Morita-Therapie, dem Seiza und Naikan unterzog, hatte auch schon
Zazen (das Sitzen im Zen) geübt, um von ihrer inneren Unruhe, ihren
Ängsten, Zwängen und psychosomatischen Beschwerden geheilt zu
werden. Unter den Zen-Laien wie -Priestern, deren Bekanntschaft ich
machte, waren etliche, die ganz offensichtlich psychisch gestört waren,
und einige, die durch Zen geheilt worden waren. Viele Menschen üben
das Zen-Sitzen nur, um ihren Charakter zu bilden und zu stärken. Auf
die Frage, aus welchen Gründen die Leute zu seinem Tempel kämen,
um sich im Zazen zu üben, antwortete ein *Roshi* (Zen-Meister): „Die
meisten Leute, die hierher kommen, sind Studenten, die im allgemeinen
bloß gestreßt sind. Sie wollen in ihr *Hara* (wörtl. 'Bauch') kommen,
d. h. eine gewisse Gemütsruhe erlangen. Dann kommen noch Neurotiker in Begleitung derer, die für sie Sorge tragen, und ältere Menschen,
die das eine oder andere Problem haben. Viele kommen nur wegen
der Ruhe; andere, zum Beispiel Universitätsdozenten, kommen, weil sie
anderen Religionen nicht soviel abzugewinnen vermögen." (Stryk und
Ikemoto 1965, S. 154-155.)

In ihrem philosophischen Unterbau sind sich Zen, Morita-Therapie
und Seiza so ähnlich, daß mehrere Morita-Therapeuten ihre Therapie in
der Praxis mit Zen-Sitzen oder Seiza kombinieren.

Ich will mich in diesem Kapitel eingehend mit der Übung des Zazen befassen, den größeren Zusammenhang, in dem sie steht – die Zen-Philosophie und den Bezug zum Leben –, aber nur am Rande berühren. Um jedoch überhaupt etwas mit der Praxis des Zazen anfangen zu können, müssen wir einen kurzen Blick in die Gedankenwelt des Zen werfen.

Die Theorie des Zen

Einen gewissen Eindruck von der geistigen Haltung des Zen können wir uns machen, wenn wir uns einmal den folgenden anschaulichen Wortwechsel ansehen: „Meine Güte, bin ich hungrig... meine Güte, bin ich hungrig... meine Güte, bin ich hungrig." „Hier hast du etwas zu essen." „Danke... meine Güte, war ich hungrig... "

Die erste und grundlegendste Frage, um die es hier geht, lautet: „Wer ist das 'Ich', das hungrig ist?" Das klingt höchst philosophisch, und das ist es in gewisser Weise auch. Aber es besteht noch eine andere Möglichkeit, die Frage zu beantworten, eine Möglichkeit ohne den Zwang einer philosophischen Betrachtung oder Diskussion. Diese Möglichkeit heißt, im Zazen zu sitzen, bis sich das „Ich" entweder verflüchtigt, seine Grenzen gesprengt hat, in sich zusammengefallen ist oder auf andere Art offenbart hat, daß es seinem Wesen nach nichts ist. Ich kann nicht genau erklären, was damit gemeint ist; wie andere Zazen-Übende auch, kann ich nur den Weg zu dieser Erkenntnis weisen.

Was hat das nun alles mit Therapie zu tun? Das Grundproblem, um das es im Falle einer Neurose bei jeder Psychotherapie geht, äußert sich zuallererst in dem Satz: „*Ich* habe Schmerzen." Der Klient begibt sich in die Therapie, weil er sich krank, unbehaglich, leidend fühlt: „*Ich* habe Beschwerden." „*Ich* brauche Hilfe." „*Ich* kann so nicht weiterleben."

Vor grauen Zeiten wandte sich in China ein Mann an einen „Therapeuten": „Ich flehe dich an, Meister, gib mir Gemütsruhe!" Darauf der Meister: „Bring mir dein Gemüt, und ich will es zur Ruhe bringen." „Aber ich bekomme mein Gemüt ja nicht zu fassen, so sehr ich auch nach ihm suche!" „Da hast du's, ich habe es eben zur Ruhe gebracht."

Der „Therapeut" dieser Szene hat den Fragesteller nicht mit einem Wortspiel hingehalten. Er hat eine reale Schwierigkeit in der flehentlichen Bitte seines Patienten aufgezeigt. Hat ihm der Patient ein verstörtes Gemüt mitgebracht, oder hat er nur ein Unbehagen verspürt? „*Ich* bekomme *es* ja nicht zu fassen." Der Patient spricht, als gäbe es ein

Selbst, ein „Ich", und ein Gemüt, ein „Du". Was, wenn es nur das eine oder keins von beidem gäbe? Ich möchte behaupten, daß die folgende Beschreibung des Patientenproblems zutreffender wäre: Es existiert ein Unbehagen.

Als der Therapeut ein kritisches Problem aufwarf – „bring mir dein Gemüt" -, mußte sich der Patient überlegen, ob er dieser Aufforderung nachkommen sollte, und feststellen, daß er dazu nicht imstande war. Im Augenblick des Versuchs, die Anweisung des Meisters zu befolgen, verschwand das Unbehagen. Warum? Daran ist absolut nichts *okkult*. Er konzentrierte einfach seine Aufmerksamkeit darauf, das Problem augenblicklich zu lösen, und vergaß dabei sein Unbehagen.

Diese Schilderung muß etwas ungenau bleiben, denn die Sprache zwingt uns, so zu schreiben, als sei das Unbehagen noch da und als hätte der Mann es nur vergessen bei seiner Konzentration auf das unmögliche Ansinnen, dem Therapeuten sein Gemüt zu bringen. Die Sprache zwingt uns auch, mit dem Wort „er" den Sitz von Unbehagen und Konzentration zu bezeichnen. Dabei läßt sich mein Unbehagen oder meine Freude natürlich gar nicht räumlich lokalisieren. Ich kann nicht darauf zeigen. Ich kann auch nicht auf mein Gemüt oder auf mich (nicht meinen Körper, sondern mich) zeigen.

Wie dem auch sei, es war ein Unbehagen da, dann wurde die Aufmerksamkeit abgelenkt, und schon wurde das Unbehagen nicht mehr wahrgenommen. Aus diesen Beispielen können wir als erste Lektion lernen, daß das „Ich" in dem Satz „meine Güte, bin ich hungrig" Fragen offenläßt. Hunger ist sicherlich eine echte Erfahrung. Aber was hat es mit diesem „Ich" auf sich, das hungrig ist?

Die zweite Lektion gibt uns die zwanghafte Beschäftigung mit dem längst gestillten Hunger auf: „Meine Güte, war ich hungrig." Ein vollkommen bewußter Mensch lebt im gegenwärtigen Augenblick. Ihn quält kein Hunger mehr, den er einmal hatte und der gestillt ist. Zahllose Zen-Geschichten drehen sich um diese Kernfrage. Hier noch ein Beispiel: Ein junger und ein alter Zen-Priester gingen an einer Bäckerei vorbei. Es duftete nach frischgebackenem Brot. „Welch ein köstlicher Duft", sagte der Jüngere. „Allerdings." Ein paar Straßen weiter fing der jüngere Mönch wieder davon an: „Der Duft aus der Bäckerei hat bei mir das Verlangen nach Brot geweckt." „Welche Bäckerei?"

Der ältere Mönch war bewußtseinsmäßig längst weiter. Einer anderen Geschichte zufolge kamen einmal ein Zen-Meister und sein Schüler an einen Fluß. Dort fanden sie eine junge Frau in großer Verlegenheit vor, weil die Brücke fortgerissen worden war und sie den Fluß nicht überqueren konnte. Da schürzte der Meister seine Robe, nahm sie auf den Arm und watete zum anderen Ufer hinüber. Dann setzte er mit seinem Schüler die Reise fort. Nach einiger Zeit fragte der Schüler den Meister, ob er nicht seine Keuschheitsgelübde dadurch gebrochen habe, daß er die junge Frau über den Fluß trug. Darauf erwiderte der Meister: „Trägst du sie noch? Ich habe sie dort am Ufer gelassen, als wir den Fluß durchquert hatten."

Einen großen Teil unseres Lebens verbringen wir damit, uns Tagträumen hinzugeben, uns Unmögliches zu wünschen und zu bereuen, was vielleicht vermeidbar gewesen wäre. Durch diese zwanghafte Beschäftigung entgeht uns das *Jetzt*.

Noch eine letzte Lektion gibt uns das erste Beispiel auf, die Lektion vom Geben. „Hier hast du etwas zu essen." Ich selbst hatte große Schwierigkeiten, Zen zu verstehen, weil ich nicht begreifen konnte, warum er Menschen heranbilden sollte, die sich an die Spielregeln der Gesellschaft halten. Wenn das Zen-Üben eine so befreiende Wirkung hat, warum sollten die Mönche dann überhaupt aus ihren Tempeln herauskommen, um der Menschheit zu dienen? Warum schicken dann Banken und andere Firmen ihre Angestellten in die Zen-Tempel, damit sie sich dort einem spirituellen Training unterziehen? Wenn ich höre, daß das „Ich" ebenso eine soziale Fiktion ist wie das „Du", daß wir Teil eines größeren Ganzen sind und daß es illusorisch ist, dieses als „gut" und jenes als „schlecht" anzusehen, warum sollte jemand in diesem Fall freiwillig aufgrund illusorischer Vorstellungen von „gut" einer illusorischen Menschheit dienen wollen?

Ich denke, diese Nächstenliebe wird nicht zuletzt durch die Kameradschaft derer gefördert, die sich gemeinsam im Zen üben, und durch das persönliche Verhältnis zwischen dem Schüler und dem Roshi, der ihn betreut. Wer ins Kloster eintritt, um Zen-Priester zu werden, verpflichtet sich jeden Tag durch Rezitation von Gelübden, der Menschheit zu dienen. Es scheint auch etwas an der Erfahrung der Meditation zu sein, das in diesem Rahmen eine gewisse Bereitschaft (nicht das Bedürfnis) weckt, anderen wohlzutun. Wenn diese Ausführungen unklar sind, dann deshalb, weil auch ich bisher das Paradox von Freiheit und Dienenwollen noch nicht ganz verstanden habe. Aber daß es existiert, ist Grund genug, darauf hinzuweisen.

Paul Wienpahl hat den Versuch einer eigenen Interpretation der erst in der Lehre und dann in der Erfahrung begründeten Lösung dieses Paradoxes gemacht: „Ich bin hier durch meine Eltern und diese durch ihre Eltern... All diese Anstrengungen der Vergangenheit haben sich in jedem von uns kristallisiert... Ich esse Reis, den dieser Mann gesät hat, trage Kleider, die jene Leute gemacht haben usw. ... Die geistige Haltung des Zen ist demnach eine Verbeugung in alle Richtungen, ein Dank an alle. Und wen diese Dankbarkeit ergriffen hat, der versucht der Gesellschaft zu dienen." (Wienpahl 1970, S. 192.)

„Es gibt, wenn man so will, zwei grundsätzliche Arten der Lebensanschauung. Nach der einen sind wir getrennt für uns und allein. Das ist die dualistische Anschauung, und sie hat ihre Funktion. Nach der anderen sind wir alles. Hierbei wird unsere Verantwortlichkeit als so umfassend gesehen, daß sie natürlich ist. Es ist nur natürlich, Ehrfurcht zu bezeigen und Dingen und Wesen beizustehen, weil es nur natürlich ist, sich selbst beizustehen." (Wienpahl 1970, S. 233.)

Das Zen-Üben als Therapie

Wie in anderen der stillen Therapien auch, wird im Zen die praktische Erfahrung über die Theorie gestellt. D. T. Suzuki schreibt: „ Worte sind notwendig für Wissenschaft und Philosophie, aber sie sind ein Hindernis für Zen. Warum? Weil Worte Vorstellungen und nicht Wirklichkeiten sind, aber Wirklichkeiten das, was Zen am höchsten bewertet. Wenn Zen sich der Worte bedient, so haben sie für ihn keinen höheren Wert als Geldmünzen für den Handel. Wir können kein Geld anziehen, um uns vor der Kälte zu schützen, wir können kein Geld essen, um Hunger oder Durst zu stillen. Geld muß in wirkliche Speisen, wirkliche Wolle, wirkliches Wasser umgesetzt werden, um einen wirklichen Wert für das Leben zu gewinnen." (Suzuki 1972, S. 11.)

Von den Zen-Techniken kann man sich relativ leicht einen Begriff machen. Doch erst ausdauerndes Üben führt zu entsprechenden geistigen Erfahrungen und den gewünschten Ergebnissen. Es ist so ähnlich wie mit dem Maschineschreiben: Es gibt einfache Lernsysteme, mit deren Hilfe man sich leicht einen Begriff vom Tippen machen kann, aber man ist dennoch weit davon entfernt, 75 Worte pro Minute gut schreiben zu können.

Zazen ist die wesentlichste Übung zur Erfahrung des Zen. Es gibt verschiedene Zazen-Stile und -Entwicklungen, doch ehe wir uns mit ihnen befassen, müssen wir noch einmal auf den Unterschied zwischen Zen als Religion und Zen als Therapie zu sprechen kommen. Bei der Zen-Therapie ist der Klient bestrebt, seine Konzentration zu steigern, seinen Charakter zu festigen und seine Gesundheit zu verbessern. Beim religiösen Zen hingegen ist das Ziel, das eigene und das wahre Wesen des Universums zu verwirklichen. Im vorliegenden Buch geht es natürlich um die therapeutische Funktion; der Aspekt der Erleuchtung wird nur der Vollständigkeit halber erwähnt.

Was die Zazen-Übung betrifft, hat Dogen, der Begründer einer Zen-Sekte, vor über 700 Jahren die wohl einfachsten und klarsten Anweisungen gegeben:

„Für das Zazen ist ein stilles Zimmer gut, Speise und Trank seien mäßig. Wirf alle Bindungen von dir, beruhige die zehntausend Dinge, denk nicht an Gut und Böse, urteile nicht über richtig und falsch, halte den Lauf des Bewußtseins an, mach die Tätigkeit des Wünschens, Vorstellens, Urteilens aufhören, sinne nicht darauf, ein Buddha zu werden!

Beim rechten Hocken breitet man ein dichtes Kissen aus, darauf legt man noch ein (rundes) Kissen. Nun hockt man hin im ganzen oder halben Verschränkungssitz. Beim sogenannten ganzen Verschränkungssitz legt man zunächst den rechten Fuß auf den linken Oberschenkel, den linken Fuß läßt man auf dem rechten Oberschenkel ruhen. Beim halben Verschränkungssitz liegt nur der linke Fuß auf dem rechten Oberschenkel. Kleider und Gürtel seien locker angelegt und gleichmäßig geordnet. Die rechte Hand legt man auf den linken Fuß, der linke Handrücken ruht auf der rechten Handfläche, beide Daumen sind gegeneinander gestützt.

Man hocke mit aufrechtem Körper, ohne nach links oder rechts zu neigen oder sich nach vorn zu beugen oder nach rückwärts zu recken. Ohr und Schulter, Nase und Nabel müssen einander gegenüberstehen. Die Zunge liegt am oberen Gaumen an, Lippen und Zähne sind geschlossen, aber stets müssen die Augen geöffnet sein.

Schon ist die Körperhaltung bestimmt, nun regle die Atmung. Wenn ein Wunsch aufsteigt, merke ihn, wenn du ihn gemerkt hast, laß ihn fahren! Indem du lange übst, vergissest du alle Bindungen und gelangst von selbst zur Sammlung. Das ist die Kunst des Zazen. Das Zazen ist das Dharmator der großen Ruhe und Freude." (Zitiert nach Dumoulin 1959, S. 163 f.)

Bonpu-Zazen („gewöhnliches" Zazen) stellt die erste Stufe des Zen-

Sitzens dar. Damit ist das Zazen des gewöhnlichen Menschen gemeint, der seine Gesundheit verbessern, sich weiterentwickeln und zu einem gewissen inneren Frieden kommen will. Ich halte es für die therapeutische Grundmethode des Zen. Bonpu-Zazen kann, mit einigen Erleichterungen für den Anfänger, nach den eben zitierten Anweisungen Dogens geübt werden.

Im Prinzip mag zwar dem „Verschränkungs-" oder Lotussitz, den Dogen beschreibt, der Vorzug gegeben werden, aber er ist kein Muß. Zazen kann auch auf einem Stuhl mit gerader Rückenlehne (wie im 4. Kapitel über Seiza erwähnt), im Gehen oder im Liegen geübt werden. Worauf es ankommt, ist eine stabile Position, die weder die Aufmerksamkeit in Anspruch nimmt noch schläfrig macht. Wenn man damit umzugehen gelernt hat, kann das Bonpu-Sitzen sogar bei einer Bus- oder Zugfahrt mit Erfolg praktiziert werden.

Ablenkungen von draußen sollten nach Möglichkeit vermindert werden, aber gleichmäßige Verkehrsgeräusche beispielsweise sind erträglich. Anfänger beginnen am besten mit Sitzperioden von 10 bis 30 Minuten Dauer zweimal täglich (Sato 1961).

Der Bonpu-Übende konzentriert sich auf seinen Atem und zählt im Geiste seine Atemzüge. Es gibt die verschiedensten Bonpu-Arten, und jeder Meister bevorzugt einen eigenen Stil. Man kann jedes Ein- und Ausatmen zählen bis zehn und dann von vorn anfangen; man kann nur das Ausatmen zählen; man kann die Ausatmung und das innere Zählen ausdehnen, etwa so: eeeiiins, zweeeiii, dreeeiii usw.

Das Zählen ist dazu da, dem Anfänger zu helfen, trotz der vorhandenen abschweifenden Gedanken in seinem Kopf die geistige Konzentration beizubehalten. Bei Kapleau lesen wir: „Lassen Sie Gedanken kommen und gehen, wie sie wollen; liebäugeln Sie nicht damit, und versuchen Sie auch nicht, sie abzuweisen; konzentrieren Sie sich vielmehr mit aller Energie auf das Zählen der Atemzüge beim Ein- und Ausatmen." (Kapleau 1965, S. 65.) Bei entsprechender Übung verlieren sich die störenden Gedanken allmählich, aber manche Meditierende halten auch Schreibzeug neben sich bereit, um sich die wichtigsten Ideen, die aufsteigen, aufzuschreiben und später in Muße darüber nachdenken zu können. Der Schlüssel zum Erfolg ist hierbei, nicht gegen seine eigenen Gedanken anzukämpfen, eine Anstrengung, die lediglich von der Meditation ablenkt. Die Störung wird wahrgenommen und fahrengelassen, man kehrt zum Zählen zurück.

1967, beim Internationalen Kongreß für psychosomatische Medizin und Hypnose, berichteten Kasamatsu und Hirai von ihren Hirnstromforschungen während der Meditation von 48 Zen-Mönchen und -Schülern (Hirai 1975). Innerhalb von 50 Sekunden nach Meditationsbeginn traten Alphawellen auf und wurden dann stärker. Dieses Hirnstrommuster zeigt einen Zustand geistiger Entspanntheit an; es hätte sich auch einstellen können, wenn die Zen-Mönche gedöst hätten. Aber sie waren nicht eingenickt, wie sich beim nächsten Experiment erwies. Ein ziemlich lautes Klicken wurde insgesamt zwanzigmal in Abständen jeder Versuchsperson vor die Ohren gebracht. Das Klicken hätte auf eingedöste Personen eine voraussagbare Wirkung gehabt. Es hätte sie aus ihrem Dämmerzustand geweckt und die Anzahl der Alphawellen für eine ganze Weile verringert; diese Wirkung verliert sich allerdings nach einigen wahrgenommenen Klickgeräuschen. Anscheinend sagt dann eine innere Stimme dem Eingenickten: „Nur keine Aufregung, es ist nur wieder so ein Klicken – wir werden es einfach überhören." Die Zen-Mönche reagierten jedoch ganz anders auf das Klickgeräusch. Beim ersten Klicken legten sich die Alphawellen zwar einen Augenblick, aber nur, um gleich darauf wiederaufzuleben (3 bis 5 Sekunden später). Jedesmal, wenn ein Klicken ertönte, war die gleiche Reaktion zu beobachten. Die Zen-Meditierenden registrierten offenbar hellwach jeden auftauchenden Reiz, ließen ihn durch ihr Bewußtsein gleiten und gaben sich wieder der Versenkung hin.

Sowie die Konzentrationsfähigkeit zugenommen hat, kann das Zählen aufgegeben und durch Visualisieren der eigenen Atmung ersetzt werden. Der Klient stellt sich vor, wie die Luft durch die Nase einströmt, in den sich dehnenden Bauch vordringt und wieder hinausströmt. Ihre verschlungenen Pfade können in allen Einzelheiten visualisiert werden.

Die Konzentration auf den Atem hat wahrscheinlich zwei Hauptziele. Zum einen kommt dabei der Geist allmählich zur Ruhe. Herrigel schrieb, als er die Kunst des Bogenschießens erlernte, folgendes: „Es dauerte freilich noch eine geraume Weile, bis mir zu erfüllen gelang, was der Meister forderte. Aber es gelang. Ich lernte, mich so unbekümmert in die Atmung zu verlieren, daß ich zuweilen das Gefühl hatte, nicht selbst zu atmen, sondern, so seltsam dies auch klingen mag, geatmet zu werden." (Herrigel 1973, S. 32.)

Zum zweiten wird wieder eine Verbindung zwischen dem Bewußtsein und einer physiologischen Grundfunktion hergestellt. „Bewußtsein ist ein Charakteristikum des menschlichen Geistes im Unterschied zum Tier. Aber wenn sich der Geist seiner Tätigkeit bewußt wird, tut er nichts mehr instinktiv, und seine Befehle sind von Berechnung und Überlegung geprägt – das heißt, es besteht keine direkte Verbindung mehr zwischen ihm und den Gliedern." (Suzuki 1959, S. 110.) Zazen will diese Verbindung und dadurch Spontaneität und Natürlichkeit wiederherstellen.

Wienpahl äußerte sich folgendermaßen dazu: „Wie kommt man über Vorstellungen hinaus (außer zum Beispiel beim Schlafen und Laufen), wenn nicht durch etwas wie Zazen, das Üben des Freiseins von Vorstellungen? Zu diesem Zweck kann es in jeder Position praktiziert werden. In einer bestimmten Weise zu sitzen und zu atmen mag nur helfende oder hinführende Funktion haben. In gewohnter Weise zu sitzen bewirkt jedoch oft das Wiederaufleben alter Gewohnheiten, so etwa des Denkens." (Wienpahl 1970, S. 57.)

Ehe wir das Thema des Bonpu-Zazen abschließen, möchte ich noch die Erfahrungen einiger Westler anführen, die meines Erachtens zu einem besseren Verständnis der Einheit von Bewußtsein und Handeln verhelfen, auf die diese Form des Zen-Sitzens ausgerichtet ist. Wer im Maschineschreiben versiert ist, kann sich nicht die Zeit nehmen, erst zu überlegen, welche Taste er anschlagen muß. Wortbildung im Kopf und Anschlagen der Tasten sind eins. Der Basketballspieler, der sich zu sehr mit dem Schlachtplan und dergleichen mehr befaßt, wird die einmalige Chance versäumen, den Ball in den ungeschützten Korb zu befördern. Der Golfspieler, dessen Schlag durch Sorgen und Streß in seinem natürlichen Schwung gehemmt wird, ist glücklos. Ein Autofahrer bemerkt plötzlich, daß er bald abbiegen muß, und weiß nicht, wie er die letzten fünf oder zehn Kilometer eigentlich zurückgelegt hat. Das alles sind Erfahrungen, an denen die Verbindung zwischen Bewußtsein und Handeln deutlich wird. Zazen erstrebt das harmonische Zusammenwirken von beidem.

Zen-Üben und Erleuchtung

In diesem Abschnitt will ich mich nicht nur an den Neurotiker, sondern an alle wenden und in den Therapiebegriff das Erleuchtungserlebnis mit einbeziehen. In gewissem Sinne ist Zazen an sich, auch in anderer als der Bonpu-Form, eine Therapie. Aus buddhistischer Sicht und mit Buddhas Worten sind „alle Weltkinder geistig krank". Wir machen uns einfach nicht klar, daß die ewige Dauer, die wir dieser Erde zuschreiben, vergänglich ist. Es ist unrealistisch, aus der Erwartungshaltung heraus zu leben, die Welt würde so, wie sie sich im Augenblick darstellt, bis in alle Ewigkeit weiterbestehen.

Erich Fromm machte folgende Beobachtungen: „Diese neuen 'Patienten' kommen zum Psychoanalytiker, ohne zu wissen, woran sie wirklich leiden. Sie klagen, daß sie niedergeschlagen seien, keine Freude an ihrer Arbeit hätten, und über alle möglichen ähnlichen Beschwerden. Gewöhnlich glauben sie, daß dieses oder jenes bestimmte Symptom ihr Problem sei und daß sie gesund wären, wenn sie diese bestimmte Beschwerde loswerden könnten. Diese Patienten sehen jedoch nicht, daß nicht Niedergeschlagenheit, Schlaflosigkeit, Ehe oder Arbeit ihr Problem darstellt. Ihre verschiedenen Beschwerden sind nur die Form, in der ihnen unsere Kultur gestattet, etwas bewußt zum Ausdruck zu bringen, was viel tiefer liegt und an dem alle die verschiedenen Menschen gleichermaßen kranken, die glauben, an diesem oder jenem bestimmten Symptom zu leiden. Das allgemeine Leiden ist die Entfremdung von sich selbst, von den Mitmenschen und von der Natur; das Bewußtsein, daß uns das Leben wie Sand durch die Finger läuft, daß wir sterben werden, ohne gelebt zu haben, daß wir im Überfluß leben und doch ohne Freude sind." (Fromm et al. 1971, S. 111 f.)

Wir verstecken unsere Unfähigkeit und Einsamkeit in den Hütten der Konformität, Routine und Abhängigkeit, in den beengten Kellern von Sex, Macht und Geld, in der Wahnvorstellung, das Morgen werde keinen Schmerz, kein Leid, kein Alter und keinen Tod bringen.

Zen gibt, wie jede Religion, Antworten auf diese existentiellen Fragen. Zahllose Bücher handeln von den Lösungen, die Zen anzubieten hat. Ich maße mir nicht an, mich daran mit meinem eigenen Werk anzuschließen. Aber ich glaube, daß die Zen-Strategie, mit diesem menschlichen Dilemma umzugehen, in gewisser Weise mit der Morita-Therapie zu vergleichen ist. Darum habe ich meine Darstellung der stillen Therapien mit der Morita-Therapie begonnen und jetzt mit dem Zen beendet. Wienpahl hat von seinem Zen-Roshi gelernt: „Es geht nicht darum, sich an Sonne oder Regen gleichermaßen zu erfreuen, wenn sie da sind. Oder sie zu meiden. Vielmehr nimmt man die Tage so, wie sie kommen. Sie kommen nun einmal. All dieses 'das ist gut' oder 'das ist schlecht', die ganzen Sorgen, kommen aus einem selbst. Auf diese Weise sieht man, daß sie reine Illusion sind." (Wienpahl 1970, S. 120.)

VII
Zusammenfassung

Wenn wir von uns selbst reden, dann meist in kategorischen Begriffen. Bin ich schwach oder stark? Bin ich traurig oder froh? Ein guter oder schlechter Mensch? Doch wenn ich in mein Inneres schaue, wenn ich meine Erfahrungen sorgfältig abwäge, bin ich eigentlich in einem Zustand, der zu komplex ist, um in Worte gefaßt werden zu können. Ich bin in unterschiedlichen Situationen und zu verschiedenen Zeiten in unterschiedlichem Maße sowohl schwach als auch stark. Trauer und Freude jagen sich in meinem Gemüt im Kreis herum, verschmelzen miteinander, ergänzen sich gegenseitig, verflüchtigen sich wieder. Aus verschiedenen Blickwinkeln auf komplexe Szenen und Zusammenhänge bin ich das eine Mal gut, das andere Mal schlecht.

Einzig der Wechsel, die ständige Bewegung, ist Wirklichkeit. Die Komplexität ist Wirklichkeit. Die schlichten Feststellungen, daß ich traurig oder stark oder gut bin, sind bloße Abstraktionen der „komplexen Veränderlichkeit", die ich bin. Na und? Nun, jede Therapie, die diese veränderliche Komplexität meiner Erfahrungswelt nicht berücksichtigt, jede Therapie, die mich als Neurotiker behandelt oder mir meine Angst und Unruhe auszutreiben versucht, behandelt nicht mich, sondern eine Abstraktion meiner selbst. Ich bin ebensowenig fortwährend Neurotiker, wie ich fortwährend gut oder glücklich bin. Meine innere Unruhe, meine Selbstzweifel und Ängste sind ebensowenig von Dauer wie meine Stärke oder Freude.

Wie kann eine Therapie etwas behandeln, was in ständigem Fluß ist? Brauchen wir nicht etwas, das uns in diesem Wandel als Ziel dient, auf das wir uns konzentrieren können? Anscheinend nicht. Die in diesem Buch besprochenen Therapien behandeln die ständige Bewegung, den Bewußtseinsstrom, offenbar ganz unmittelbar. Da dieser Strom alles ist, was wir je erfahren, im Grunde also all das, was wir *sind*, ist es wohl richtig, therapeutisch hier anzusetzen.

Wie es scheint, zielen die stillen Therapien darauf ab, diesen Bewußtseinsstrom zu konzentrieren und zu regulieren. Beim Shadan wird der Strom gebremst und dann mit minimalen geistigen Aufgaben wieder angekurbelt. Beim Naikan wird er vor allem in die Vergangenheit gelenkt, aber auch seine Geschwindigkeit verlangsamt sich während der Meditationszeit etwas. Die Morita-Therapie läßt ihn ungehindert fließen, solange die Bettruhe eingehalten wird, um ihn anschließend auf Aufgaben und Ziele zu dirigieren und zu konzentrieren. Bei Seiza und Zen wird er nach innen gelenkt und konzentriert sich im Atmen, im Zählen und in anderen geistigen Übungen. Alle Therapien gehen offenbar davon aus, daß der ruhelose Geist fehlgeleitet ist und seine Funktionen mit der falschen Geschwindigkeit wahrnimmt. Wir wollen diese beiden Fehlfunktionen einmal unter die Lupe nehmen.

Der fehlgeleitete Geist ist zu stark mit sich selbst beschäftigt, er ist selbstsüchtig. Die Therapie ist deshalb darauf ausgerichtet, die Aufmerksamkeit vom normalen Selbstbewußtsein wegzulenken. Die Therapie überflutet das Bewußtsein unter Umständen mit Selbsteindrücken, wie Zen, Seiza oder die Morita-Therapie mit ihrer isolierten Bettruhe, um dadurch einen Durchbruch zu tieferen Schichten des Selbst (nicht im Unterbewußten, sondern im Überbewußten) herbeizuführen oder um zu einer Beschäftigung mit dem eigenen Ich bis zum Überdruß zu zwingen. Bei einer anderen Taktik wird das Bewußtsein mit negativen Selbsteindrücken überschwemmt wie im Naikan; als Folge stellt sich das Bedürfnis ein, anderen zu dienen und das zuvor undankbare, unwissende Selbst aufzuopfern. Die dritte Taktik ist die, Aufgaben zu stellen, die die Aufmerksamkeit vom Ich ablenken, wie bei der angeordneten geistigen Beschäftigung im Shadan oder der Konzentration auf bestimmte Aufgaben in der Morita-Therapie.

Der Geist eines gestörten Menschen nimmt seine Funktionen außerdem mit der falschen Geschwindigkeit wahr. Entweder ist er hemmungslos tätig und huscht von Gegenstand zu Gegenstand, um vor quälenden Gedanken und Gefühlen zu fliehen, oder er verstrickt sich in irgendeine zwanghafte Grübelei, ein zwanghaftes Ritual. Alle stillen Therapien nehmen Einfluß auf dieses Tempo des Gedankenstroms, indem sie den Klienten isolieren, wobei sie äußere Sinnesreize möglichst von ihm fernhalten und ihn ermutigen, seinen Körper auszuruhen. Das hat eine Verlangsamung des Gedankenlaufs zur Folge, die, wie man annimmt, zugleich eine geistige Vertiefung mit sich bringt.

Das Reden ist dazu da, Klarheit über sich selbst zu gewinnen und sich anderen zu offenbaren. Wahrscheinlich jedoch wird es viel häufiger dazu verwandt, den eigenen inneren Zustand zu kaschieren und zu verbergen. Die stillen Therapien halten nichts vom Reden, wenn es dem Klienten als Fluchtmittel dient. Wenn Sprechen überhaupt gestattet ist, dann nur in genau definierten Situationen und oft ausschließlich zu dem Zweck, zu überprüfen, ob der Klient Fortschritte gemacht hat (wie die regelmäßigen Befragungen im Naikan oder die Gespräche mit dem Roshi im Zen). Selbst in diesem Fall heißt es, ein guter Therapeut könne den inneren Zustand eines Klienten bereits an den Augen ablesen. Worte sind unnötig. In einer der Morita-Kliniken wird strengstes Stillschweigen verordnet, und in den anderen wird das Reden stark eingeschränkt.

Eine Voraussetzung, von der diese einfachen therapeutischen Strategien ausgehen, ist der buddhistische Grundsatz, daß der Mensch seinem Wesen nach gut ist und nur von seiner Unwissenheit befreit werden muß, um seinen Gemütszustand zu verbessern. Die stille Isolation verschafft unseren inneren Kräften die Möglichkeit, uns zu einem tieferen Verständnis unserer selbst zu führen. Aber die inneren Kräfte brauchen Anleitung, um voll und ganz wirksam werden zu können.

Über das Glücklichsein

Nehmen wir einmal das Glücklichsein aufs Korn. Die Menschen im Westen scheinen förmlich glücksbesessen zu sein. Amerikanischen Staatsbürgern garantiert sogar ihre Verfassung das Recht, diesen schwer definierbaren Zustand zu erstreben. Vergnügungsparks versprechen uns die eher schwindelerregenden Arten von Glücksgefühlen – Nervenkitzel und Spannung. Film und Fernsehen bieten uns prosaischere „Genüsse". Unsere religiösen Institutionen sind dagegen eher an einer erhabeneren Glückseligkeit und Freude orientiert. Drogen führen zu einem High. Pfefferminzbonbons geben Schwung und frischen Atem, wenn man der Werbung glauben darf. Professoren werden dazu angehalten, ihren Studenten zu einer angenehmen Studienzeit zu verhelfen. Fotomodelle lächeln, Politiker grinsen und winken, Nachrichtensprecher entschwinden dem Blick mit dem gefrorenen Anflug eines Lächelns.

Wie glücksbesessen wir sind, ging mir schlagartig auf, als ich Leute dabei beobachtete, wie sie mit den Depressionen ihrer Mitmenschen umgingen. Das geschieht fast auf der ganzen Welt unter der stillen Voraussetzung, daß der unter Depressionen Leidende nicht bedrückt sein dürfe, da nämlich der natürliche Zustand des Menschen das Glücklichsein sei. Oft sind die Mittel, um solche armen Menschen aus ihrem

Elend zu reißen, Scherze oder Späße, Versuche, sie zum Lächeln zu bringen und emotional aufzuheitern.

Natürlich glaubt kein Mensch daran, 24 Stunden am Tag ununterbrochen in glückseliger Hochstimmung sein zu können, und doch bewerten viele Menschen im Westen (und viele moderne Japaner ebenfalls) ihr Leben nach den Höhepunkten und der Befriedigung, die es bringt. Aber ist diese Umgangsweise mit dem Leben denn vernünftig oder gar wünschenswert? Sehen wir einmal, was die stillen Therapien über die Einordnung allen Lebens in den Spielplan des Daseins sagen.

Über die Akzeptanz

Ein buddhistisches Prinzip, das sich durch all diese Therapien zieht, läßt sich in aller Kürze als die Akzeptanz des Unvermeidlichen beschreiben. Insbesondere das Leiden ist integraler Bestandteil der Lebenswirklichkeit. Wenn sich Leid einstellt (durch Krankheit, Alter, Verluste usw.), wird es durch jeden Versuch, die innere Qual zu leugnen oder wegzudrücken, noch verstärkt.

Bei den stillen Therapien muß der Klient seinen unmittelbaren Zustand akzeptieren – zuerst Langeweile, Unbequemlichkeit und Ernüchterung, dann abschweifende Gedanken, die seine Meditation stören, und die Realität seines Elends. So ist sein Leben jetzt eben. Im kleinen ist die Art und Weise, wie er sein Leben während der Therapie hinnimmt, gleichnishaft dafür, wie er sein ganzes ferneres Leben akzeptieren lernen muß.

Akzeptanz ist keine passive Resignation. Aufgeben ist mit der Aufnahme einer Therapie zur Verbesserung des Gemütszustandes unvereinbar. Man tut, was man kann. Andererseits hat es, wie ein Morita-Therapeut einmal gesagt hat, keinen Sinn, die Schattenseiten des Lebens wegwischen zu wollen.

Die buddhistische Vorstellung des Hinnehmens unterscheidet sich nicht allzusehr vom christlichen Gedanken des „Gottes Wille geschehe". Beide Auffassungen sind mitunter recht wirkungsvoll, weil sie den Geist von dem Zwang befreien, unbedingt ändern zu wollen, was unabänderlich ist, und ihn bereit machen, sich neuen Fragen und Problemen zuzuwenden.

Das Gebet der Anonymen Alkoholiker mahnt nicht nur, das zu ändern, was zu ändern ist, sondern auch, das zu akzeptieren, was unabänderlich ist. Menschliche Lebensweisheit tritt in vielerlei Gestalt zutage, und das vielerorts und immer wieder. Die Elemente der ostasiatischen Lebensprinzipien sind letztlich gar nicht so fremdartig, wenn die richtigen Parallelen gezogen werden.

Akzeptieren befreit nicht nur vom Verranntsein in das, „was sein müßte, aber nicht ist" oder „was hätte sein können, aber nicht war", es eröffnet auch die Möglichkeit, an allem Leben Geschmack zu finden. Es wechseln nicht länger Höhepunkte mit langen Zeitspannen, in denen man mit knapper Mühe zurechtkommt. Traurigkeit, Freude, Hoffnung, Angst, Einsamkeit, Leidenschaft und Verzweiflung eines jeden Augenblicks werden zu akzeptablen Kapitelüberschriften in der sich stetig wandelnden Monographie des Lebens. Nicht eine einzige Erfahrung muß in einer Fußnote oder im Anhang versteckt werden. Was jetzt ist, *ist*.

Über die Berücksichtigung der menschlichen Schwächen

Jede in diesem Buch beschriebene Therapie zieht die Unvollkommenheit des menschlichen Körpers in Betracht. Beim Naikan darf der Klient jede Sitzhaltung einnehmen, die ihm bequem ist; nur hinlegen soll er sich nicht, damit er nicht zu schläfrig wird. Seiza gestattet dem Klienten, sich nötigenfalls aus seinem Hocksitz, bei dem die Gesäßbacken auf den Fersen ruhen, auf die Knie aufzurichten, damit das Blut in den Beinen wieder besser zirkuliert. Bei der Shadan-Therapie und der isolierten Bettruhe der Morita-Therapie ist dem Patienten erlaubt, sich in beliebiger Ruhelage zu betten. Das Zen-Sitzen wird durch Meditationsphasen aufgelockert, in denen durch Gehen und rituelle Hiebe auf die Schulterblätter verkrampfte Muskeln entspannt und etwaige Schläfrigkeit vertrieben wird.

Weit davon entfernt, den Körper zu ignorieren oder durch unerbittliche Härte und asketische Disziplin zu strafen, erkennen die stillen Therapien vielmehr, daß körperliche Schmerzen eine störende Ablenkung darstellen können. Dem Klienten werden daher gewisse Erleichterungen gewährt, damit ihm die Therapie nicht verleidet wird und er voll und ganz an ihr teilnehmen kann.

Wie wir sehen, wird hier keine künstliche Trennung zwischen Körper und Geist vollzogen. Ins Extrem geht vielleicht die Shadan-Therapie mit ihrer theoretischen Verschmelzung beider, aber auch bei den anderen Therapien werden Körper und Geist parallel zueinander bearbeitet, um ans Ziel zu gelangen. Geist und Körper werden zur Ruhe gebracht,

Geist und Körper bekommen Nahrung, Geist und Körper werden geübt, Geist und Körper werden diszipliniert – die Parallelität ist nicht zu übersehen. Jede Therapieform macht sich außerdem die Erkenntnis zunutze, daß sich die psychologischen Fortschritte des Klienten in seinem Körper widerspiegeln. Seine Augen, sein Gesichtsausdruck, seine Körperhaltung, sein Gang geben dem Therapeuten Auskunft darüber, in welchem Stadium der Reife sich der Klient befindet.

Über die Therapie als Resozialisierung

Das Thema „Resozialisierung", das heißt, wieder Kind der Gesellschaft zu werden und als solches sozial heranzureifen, wird im Naikan besonders deutlich, ist jedoch auch bei den anderen stillen Therapien vorhanden.

Wie bereits gesehen, ist einer der Hauptgründe für die Effektivität des Naikan die anfängliche Neustrukturierung des Vergangenheitsbildes des Klienten, die sich in der Naikan-Therapie vollzieht. Der Klient durchlebt seine Kindheit in der Erinnerung noch einmal, achtet auf Einzelheiten, denen er zuvor kaum eine Bedeutung beigemessen hatte, und übergeht oder verwirft andere, die er vorher für wesentlich gehalten hatte. Das gewünschte Ergebnis ist ein endlich erwachsener, wie umgewandelter Mensch voller Liebe und Gebefreudigkeit.

Obwohl diese Therapien dem Klienten als erwachsenem Menschen Selbstdisziplin und gesammelte Aufmerksamkeit abverlangen, wird er bei allen *sozial* in den Kind-Zustand zurückversetzt. Die Bettruhe von Shadan- und Morita-Therapie macht den Klienten hilflos und abhängig und reduziert seine Welt in gewisser Weise auf die eines Säuglings. Die stille Bewegungslosigkeit aller meditativen Therapien ist dem frühkindlichen Stadium viel ähnlicher als anderen menschlichen Entwicklungsstufen, mit Ausnahme vielleicht des Greisenalters in Todesnähe.

Die Therapeuten sind väterlich oder mütterlich, weise und erfahren. Die Mit-Klienten sind wie Brüder und Schwestern. Diese familiäre Struktur wird detailliert in dem Buch *Morita Psychotherapy* (Reynolds 1976) dargestellt, aber Andeutungen eines familiären Rahmens für die Resozialisierung sind in jeder dieser Therapien zu finden. Eine Orientierung am Familiären durchdringt vieles von der japanischen Kultur, selbst die Geschäftswelt.

Wenn man langanhaltende Störungen (Neurosen) als Folge eines unzureichenden Realitätssinns auffaßt und die Erziehung (Therapie) als ein Mittel ansieht, Lösungen für diese Notlage zu finden, ist das Modell erzieherischer Maßnahmen innerhalb der Familie (Resozialisierung) ein brauchbares Gerüst für die Ausgestaltung der therapeutischen Bemühungen.

Was die Rückkehr zu einer Art Kinderdasein noch mit sich bringt, ist die zeitweilige Aufhebung aller Alltagsverantwortlichkeiten (und damit eine Verminderung der Ängste) sowie eine erhöhte Beeinflußbarkeit und Suggestibilität (und damit eine bessere Ausgangsbasis für den Therapeuten).

Wichtige Therapietage

Ein genauer Zeitplan ist für jede Therapie von ausschlaggebender Bedeutung. Beim Lesen der Therapieberichte fielen mir immer wieder der vierte und fünfte Behandlungstag besonders auf, sowohl bei der isolierten Bettruhe der Morita-Therapie als auch im Naikan, im Shadan und beim Zazen-*Sesshin* (eine einwöchige Zen-Übung) – bei jeder der stillen Therapien mit einer Intensivbehandlung von einer Woche und mehr gelten der vierte und der fünfte Tag als kritische Tage.

In diesen zwei Tagen kommt es beim Klienten meist zu einem Höhepunkt seiner Erfahrung. Bis dahin ist er von Zweifeln und Ablenkungen geplagt worden. Im allgemeinen wurde er vom Therapeuten vorgewarnt, daß er den Zweck der Übung in Frage stellen wird. Er wird aus dem gesteckten Rahmen ausbrechen wollen. Seine Gedanken werden umherschweifen. Der Therapeut bittet ihn, den Anweisungen Folge zu leisten und die Woche abzuwarten. Der Klient braucht nicht daran zu glauben, daß seine Mühe von Erfolg gekrönt sein wird; er soll nur tun, was ihm aufgetragen worden ist.

Doch zu dem Zeitpunkt, in dem das kritische Stadium erreicht ist, hat bereits eine Anpassung an die einfache Lebensroutine stattgefunden. Eine Hinwendung nach innen hat sich vollzogen, aus der Kraft geschöpft wird. Die äußeren Sinnesreize, sonst ein Hemmnis für die Ausrichtung nach innen, sind durch die schlichte Umgebung, die Ruhestellung und die geschlossenen oder halbgeschlossenen Augen größtenteils ausgeblendet.

Warum es bei vielen Klienten vier oder fünf Tage dauert, bis sie dieses Stadium innerer Klarheit erreicht haben, weiß ich nicht. Wahrscheinlich ist es einfach charakteristisch für den Einfluß, den unsere nach außen gerichteten Sinne und Geistesregungen auf unser Bewußtsein haben. Jedenfalls ist in diesen Tagen ein Schlüsselerlebnis zu erwarten. Natürlich macht jeder Klient eine andere Erfahrung. Oftmals handelt es sich beim Klienten um ein Ablassen von sich selbst oder von Teilen seiner selbst, die er zuvor für wichtig gehalten hatte. Manchmal findet eine Umstrukturierung des Bildes statt, das sich der Klient von sich und seiner Welt gemacht hatte. Häufig sind starke Gefühle zu beobachten. Tränen, eine Veränderung im Tonfall, Begeisterung, Freude, Seelenruhe, Qual, Verzweiflung oder auch komplexe Verbindungen dieser und anderer Empfindungen und Verhaltensweisen sind an der Tagesordnung.

Dem aufrüttelnden Erlebnis folgt häufig eine durch die Intensität der Erfahrung und die vorherige Inaktivität bedingte Reaktion. Der Klient ist gelangweilt und fühlt sich eingeschränkt. Er hat das sehnliche Verlangen, aus der Enge herauszukommen, tätig zu werden, das Unrecht wiedergutzumachen, das er anderen angetan hat, und seine Einsichten mit anderen zu teilen.

Der kluge Therapeut nutzt diesen Betätigungsdrang ebenfalls aus und gibt dem Klienten eine Lektion in Akzeptanz und Selbstbewußtsein auf. Der Klient wird aufgefordert, die wenigen verbleibenden Tage noch härter zu arbeiten, um zu einem tiefgreifenderen Verständnis seiner selbst zu kommen.

Der Kreislauf von Langeweile und Zweifel, allmählicher Verinnerlichung, Schlüsselerlebnis, zunehmender Langeweile und Betätigungsdrang erscheint immer wieder sowohl in der Fachliteratur als auch in den Aussagen der Klienten; und er tritt, wie bereits erwähnt, häufig innerhalb der gleichen Zeitspanne von einer Woche auf. Ich selbst habe ihn im Rahmen meiner Forschungen in Japan zweimal erlebt, einmal bei der isolierten Bettruhe der Morita-Therapie und das zweite Mal bei der Naikan-Therapie. Trotz unserer individuellen und kulturellen Unterschiede sind wir Menschen im Grunde doch gar nicht so verschieden.

Abschließende Gedanken

Zum guten Schluß erwarten manche Leser jetzt vielleicht von mir, daß ich das Material dieser fünf meditativen Therapien zusammenfasse und unter Berücksichtigung der Effektivität in eine wissenschaftliche Theorie westlicher Machart einpasse. Ich bin nicht sicher, ob ich letzteres überhaupt kann, und ich habe meine Zweifel, ob wir ein Schema haben, nach dem wir adäquate Voraussagen und Erklärungen abgeben können über das, was im Kopf und im Leben der Patienten vorgeht, die sich einer stillen Therapie unterziehen.

Überdies wird der Leser hier keine systematischen Vergleiche zwischen den japanischen Therapien und westlichen Behandlungsmethoden finden. Ich habe diesbezüglich einen Versuch in meinem Buch *Morita Psychotherapy* (Reynolds 1976) unternommen. Allerdings bringt ein solcher Vergleich in gewissem Sinne weniger ein, als man vielleicht erwarten könnte. Mit wenigen, unbedeutenden Ausnahmen läßt sich die westliche Psychotherapie charakterisieren als verbaler Austausch mit dem Ziel, Symptome zu eliminieren. Die japanischen Therapien hingegen sind durch lange, bedeutungsvolle Perioden der Stille gekennzeichnet mit dem Ziel der Akzeptanz, Einbeziehung und Überschreitung der Symptome. Ich *bin* meine Symptome. Sie sind kein äußeres, von mir getrenntes Problem – so argumentieren diese Therapien. Mit diesem Buch sollten die Therapien Lesern aus dem westlichen Kulturkreis in verständlichen, vertrauten Begriffen vorgestellt werden.

Die fünf stillen Therapien sind tief in asiatischen Denk- und Verhaltensweisen verwurzelt. Einige gehen teilweise auch nach westlichen Methoden und Grundsätzen vor, und doch kommt in allen eine typisch asiatische Grundhaltung zum Ausdruck. Haben sie irgendeine Relevanz für die Menschen des Westens? Haben sie Lösungen oder Teillösungen für die weltweiten Probleme der Unzufriedenheit, des Unbehagens und der Rastlosigkeit zu bieten? Derartige Fragen sind nicht einfach mit Nachdenken, Stift und Tinte zu beantworten. Sie setzen Erfahrung voraus, das heißt, sie müssen im Versuch erprobt werden. Wie es aussieht, können wir es uns nicht leisten, diesen Versuch noch lange hinauszuzögern.

Bevor wir urteilen, müssen wir auf jeden Fall erst ein gewisses Verständnis für diese therapeutischen Methoden und ihre Ziele gewonnen haben. Wir müssen erst gemerkt haben, daß die Auffassungen dieser Therapien vom Menschen und Leiden unseren eigenen Erfahrungen entsprechen; sonst besteht kein Grund, sich weiter praktisch und wertend mit ihnen zu befassen. Ob diese Ideen verwandte Saiten bei Ihnen anklingen lassen, weiß ich nicht. Aber dieses Buch kann vielleicht ein erster Schritt dorthin sein.

Quellenverzeichnis

Bando, Shojun: „Jodo Buddhism in the light of Zen", *Buddhist Japan: introductory essays on Japanese Buddhism*, Buddhist Laymen's Association, Tokio 1962.

Csikszentmihalyi, Mihaly: *Beyond boredom and anxiety*, Jossey-Bass, San Francisco 1976.

Dumoulin, Heinrich S. J.: *Zen. Geschichte und Gestalt.* Francke, Bern 1959.

Frankl, Viktor E.: *Der Mensch vor der Frage nach dem Sinn*, Piper, München, 3. Aufl. 1988.

Fromm, Erich, Suzuki, Daisetz T., u. Martino, Richard de: *Zen-Buddhismus und Psychoanalyse*, Suhrkamp, Frankfurt 1971.

Furlong, William B.: „The fun in fun", *Psychology Today*, Juni 1976, S. 35-38 u. 80.

Grossberg, John M.: „Brain wave feedback experiments and the concept of mental mechanisms", *Behavior Therapy and Experimental Psychiatry*, 3/1972, S. 245-251.

Herrigel, Eugen: *Zen in der Kunst des Bogenschießens*, O. W. Barth, München, 16. Aufl. 1973.

Hirai, Tomio: *Zen meditation therapy*, Japan Publications, Tokio 1975.

Hiresaki, Tetsu: *Kokoro no byoki* [Die Krankheit des Herzens], 2 Bände, Furinshobo, Tokio 1968.

–: „Shadan ryoho [Die Shadan-Therapie]", *Seishin Ryoho Kenkyu*, 3/1972, S. 1-9.

Ishida, Rokuro: „Naikan analysis", *Psychologia*, 12/1969, S. 81-92.

Iwai, Hiroshi, u. Reynolds, David K.: „Morita therapy: The views from the West", *American Journal of Psychiatry*, 7/1970, Nr. 126, S. 1031-1036.

Kaketa, K., Sugita, T., u. Akitani, T.: „Iwayura shadan ryoho ni yoru chiryo kekka no kensa [Eine Untersuchung der Ergebnisse der Shadan-Therapie]", *Seishin Ryoho Kenkyu*, 3/1972, S. 20-31.

Kapleau, Philip: *Die drei Pfeiler des Zen. Lehre – Übung – Erleuchtung*, O. W. Barth, München, 7. Aufl. 1987.

Kitsuse, John I.: „Moral treatment and reformation of inmates in Japanese prisons." Vortrag beim „Ersten Internationalen Kongreß für

Sozialpsychologie" 1964, Nachdruck 1965 in *Psychologia*, Nr. 8, S. 9-23.

–: „A method of reform in Japanese Prisons", in Schneps, Maurice, u. Coox, Alvin D. (Hsg.): *The Japanese Image*, 2/1966, S. 1-7.

Kodani, Hirumi: „Shinkeishitsu no hontai to sono ryoho [Die Grundzüge der Neurose und ihre Heilung]", *Naikan*, 3/1969, S. 32-50.

Koga, Yoshiyuki: „On Morita therapy", *Jikeikai Medical Journal*, 14/1967, S. 73-99.

Kora, T., u. Ohara, K.: „Morita therapy", *Psychology Today*, Okt. 1973, S. 63-68.

Murase, Takao, u. Johnson, Frank: „Naikan, Morita and Western psychotherapy: A comparison", Vortrag bei der Versammlung der Amerikanischen Psychiatervereinigung 1973.

Murase, Takao, u. Reynolds, David: „Naikan therapy", Naikan Training Center, Nara, ohne Datumsangabe.

Naikan Training Center, Naikan information sheet, vervielfältigt, ohne Datumsangabe.

Ohara, Kenshiro, u. Reynolds, David: „Morita psychotherapy: Characteristics of a Japanese treatment for neurosis", unveröffentl. Manuskript, ohne Datumsangabe.

Reynolds, David K.: „Directed behavior change: Japanese psychotherapy in a private mental hospital", unveröffentlichte Dissertation, Universität von Kalifornien, Los Angeles 1969.

–: *Morita psychotherapy*, University of California Press, Berkeley 1976.

–, u. Kiefer, Christie W.: „Cultural adaptability as an attribute of therapies", *Culture, Medicine, and Psychiatry*, 1/1977, S. 395-412.

–, u. Moacanin, Radmila: „Eastern therapy: Western patient", *Japanese Journal of Psychotherapy Research*, 2/1977, Nr. 3.

–, u. Yamamoto, Joe: „Morita Psychotherapy in Japan", *Current Psychiatric Therapies*, 13/1973, S. 219-227.

Sato, Koji: *Shinri Zen* [Psychologischer Zen], Sogensha, Osaka 1961.

– (Hsg.): *Zenteki ryoho, naikan ho* [Die Zen-ähnliche Therapie und Naikan], Bunkodo, Tokio 1972.

Smith, Adam: „The benefits of boredom", *Psychology Today*, Apr. 1976, S. 46-51.

Stryk, Lucien, u. Ikemoto, Takashi (Hsg.): *Zen: Poems, prayers, sermons, anecdotes, interviews*, Doubleday Anchor Books, New York 1965.

Suedfeld, Peter: „The benefits of boredom", *American Scientist*, 1/1975, Nr. 63, S. 60-69.

Suzuki, Daisetz T.: *Zen und die Kultur Japans*, Rowohlt, Hamburg 1972.

Suzuki, Tomonori, u. Suzuki, Ryu: „A follow-up of neurotics treated by Morita therapy", Vortrag beim 6. Weltkongreß der Psychiatrie, Honolulu 1977.

Takeuchi, Katashi: „On naikan method", *Psychologia*, 8/1965, S. 2-8.

Wienpahl, Paul: *Zen diary*, Harper & Row, New York 1970.

Yamamoto, Haruo, et al.: *Naikan ryoho* [Die Naikan-Therapie], Sogensha, Osaka 1974.

Yoshimoto, Ishin (Hsg.): *Kurushimi no kaiketsuho* [Eine Methode zur Linderung des Leidens], Naikan Training Center, Nara 1971.

–: *Naikan-he no go-annai* [Eine Einführung in das Naikan], Naikan Training Center, Nara 1973.

David K. Reynolds wurde von der Fulbright-Stiftung ein Forschungsstipendium für Japan bewilligt. Auf seinen alljährlichen Reisen nach Japan hat er unter anderem im Japanischen Institut für Psychohygiene, am Institut für Gerontologie in Tokio und an der medizinischen Fakultät der Jikei-Universität Untersuchungen durchgeführt. Von 1974 bis 1979 lehrte er im Bereich Verhaltensforschung und Psychiatrie an der medizinischen Fakultät der Universität von Südkalifornien. Er veröffentlichte zahlreiche Bücher und Artikel zu diesen Themen.

In den letzten Jahren konzentrierte sich Reynolds auf den Aufbau seines Institutes: Constructive Living. Soweit Sie weitere Informationen darüber erhalten möchten, schreiben Sie bitte (in Englisch) an:
Constructive Living · P.O.Box 85 · Coos Bay · Oregon 97420 · USA

Naikan-Zentren

Naikan-Zentrum Neue Welt, Leitung: Franz und Martha Ritter,
A-2722 Netting 34, Tel.: 0 26 38/74 91, Fax 7 49 16.
Franz Ritter gründete das erste Naikan-Zentrum außerhalb Japans.

Naikan-Zentrum Auerberg, Leitung: Horst Kern, Hafegg 8,
D-86975 Bernbeuren, Tel.: 0 88 60/81 89, Fax 81 98

Naikan-Zentrum Salzburg, Leitung: Roland Dick, Goldgasse 19,
A-5020 Salzburg, Tel.: 06 62/84 16 65

Naikan-Trainings-Center Wolfenbüttel, Leitung: Gerald Steinke,
Schloßplatz 3, D-38304 Wolfenbüttel, Tel.: 0 53 31/58 52

Verein Rainbow, Kontakt: Gabriel Felder, Stadtgasse 46,
I-39031 Bruneck, Tel.: 04 74/8 48 19, Fax 2 07 01

NAIKAN.

Heilende Erkenntnis durch konzentrierte Innenschau.

Naikan ist ein neuer Weg der Selbsterfahrung und Selbsterkenntnis. Das Wort Naikan bedeutet Innen-Schau, konzentriertes Schauen nach innen auf den eigenen Geist. Naikan erfordert keinerlei geistige Vorbereitung, auch keine besonderen Fähigkeiten, sondern nur die Bereitschaft, sich mit sich selbst einzulassen und anzunehmen, was immer sich zeigt.

Die Methode: Meditation über die eigene Geschichte.

Naikan verbindet traditionelles Meditationswissen mit der modernen Erkenntnis, daß unser Hier und Jetzt Ergebnis unserer bisherigen Lebensführung ist. Naikan dringt mit Hilfe einer einfachen Betrachtung in tiefste Schichten der Erinnerung ein. Uralte Erfahrungen kommen an die Oberfläche des Bewußtseins, können dort angesehen und angenommen werden. Durch diese Betrachtung erfährt der Geist eine tiefe Befreiung von hemmenden Mustern.

Inhalt der Betrachtung.

Der jeweilige Betrachtungszeitraum dauert etwa 70 bis 100 Minuten, in denen der Übende allein für sich ist und klare Meditationsaufgaben zu erfüllen hat. Angesehen werden in diesen Abschnitten das Zusammenleben mit einem wichtigen Menschen, also Mutter, Vater, Geschwister, Großmutter, Großvater, Partner, Lehrer, Kinder u. a. Betrachtet wird diese Beziehung innerhalb eines klar begrenzten Zeitraumes, also z. B. die Zeit von Geburt bis Schulanfang, die ersten vier oder fünf Schuljahre, die nächsten vier Schuljahre usw. bis heute oder bis zum Tod des Menschen, der angesehen wird.

Drei Fragen als Führer ins Unterbewußte.

Naikan benutzt drei Fragen, um tiefe und tiefste Schichten des Unterbewußtseins zu erreichen. Diese drei Fragen wurden vom Begründer der Methode, Ishin Yoshimoto, nach etwa 25 Jahren Erfahrung mit Naikan-Übenden formuliert. Sie sind das Herzstück der Übung und in ihrer Einfachheit überaus wirksam.

Die erste Frage lautet:

Was hat der Mensch,
den ich ansehe (z. B. die Mutter),
in dieser Zeit für mich getan?

Die zweite Frage stellt die Gegenbetrachtung an:

Was habe ich
in dieser Zeit
für diesen Menschen getan?

Die dritte Frage beleuchtet einen Bereich, den wir gerne bewußt oder unbewußt ausblenden. Sie lautet:

Welche Schwierigkeiten habe ich
diesem Menschen
in dieser Zeit gemacht?

Speziell die dritte Frage wird unser Verharren auf Schuldzuweisung überprüfen, auflockern und überwinden. Sie gestattet es uns, unseren Anteil an Problemen in einer Beziehung wahrzunehmen und damit zu reduzieren oder aufzulösen.

Befreiung durch Ganzheit.

Mit Hilfe aller drei Fragen kommt der Naikan-Teilnehmer zu einer tiefen Einsicht seines eigenen Verhaltens in einer Beziehung. Er erlebt sich sozusagen mit den Augen seiner Mitmenschen. Dadurch kann er erkennen, was ihm alles an Liebe und Zuwendung schon zugeflossen ist, vielleicht nicht auf die Art, auf die er es erwartet hat, sondern in der Weise, die dem anderen möglich war. Er erkennt auch, wo und wie er Liebe und Zuwendung stört und verunmöglicht. In den tiefen Einsichten und der inneren Befreiung, die der Teilnehmer im Laufe des Naikans erfährt, liegt eine Quelle der Freude, die ihm von nun an zugänglich ist. Er kann aber auch noch tiefer steigen und das zutiefst Menschliche unserer Existenz erfahren, mit all der klaren Erkenntnis über Zusammenhänge und Bedingtheiten, die unser Leben ausmachen und unser Dasein prägen.

Natur als Selbsterkenntnis und Persönlichkeitsentwicklung.

Naikan wird aus verschiedenen Motiven heraus genutzt. Eine Gruppe von Naikan-Teilnehmern möchte mehr über sich selbst herausfinden. Diese Menschen finden in Naikan einen Einstieg in die oder eine Weiterführung ihrer bereits begonnenen Selbsterkenntnis. Sie wird dann zur lebensbegleitenden Betrachtungsform, die hilft, Wirren und Quantensprünge der Entwicklung zu bestehen und zu persönlichem Wachstum zu nutzen.

Naikan als Krisenbewältigung.

Eine zweite Gruppe von Menschen kommt in einer persönlichen Krise ins Naikan. Tiefe Ängste, langanhaltende Verwirrung, eine unbewältigbare Arbeits- oder Partnersituation, Depression oder aggressives Verhalten prägen ihr Leben. Diesen Menschen hilft Naikan, in ihrem Alltag besser zu bestehen. Denn im Naikan können sich Ängste ganz leise auflösen, zeigen sich Wurzeln des unheilsamen Verhaltens. Darüber hinaus werden Sie aus Ihrer persönlichen Lebensgeschichte alles herausfiltern, was der Bereicherung Ihres Lebens und dem Wachstum von innerer Kraft und Heiterkeit dient.

Naikan als transzendierende Erfahrung.

Ein Naikan-Teilnehmer muß keinerlei transzendentale oder religiöse Interessen in die Übung mitbringen, aber wenn er einen eigenen klaren Geistesweg beschreitet, so wird ihn Naikan darin unterstützen. Naikan wurde aus einer buddhistischen Tradition heraus entwickelt. Und wie viele Übungen des Buddhismus ist es universell anwendbar. Naikan ist eines der effektivsten Mittel, unsere geschäftige Blindheit zu überwinden und so etwas wie Lebens-Schau zu ermöglichen. Selbstverständlich wird man durch die Teilnahme am Naikan kein Buddhist, schon gar kein Naikan-Buddhist, sondern die eigene religiöse Praxis wird durch Naikan vertieft. Naikan selbst kann aber auch für den einzelnen zu einem eigenständigen Ent-Wicklungs-Weg werden, der ihm im Alltag die Augen für das wahre Wesen öffnet und seinen Geist von den Fesseln der Existenz befreit. In Naikan wohnt keinerlei sektiererische Kraft, darum wird jeder Teilnehmer freier und befreiter weggehen, als er gekommen ist.

Geschichte und Verbreitung von Naikan.

Naikan wurde von Ishin Yoshimoto in den vierziger Jahren unseres Jahrhunderts auf Grund einer tiefen persönlichen Erfahrung in einer Meditationsübung entwickelt. Er vereinfachte die sehr strengen Regeln der Ur-Übung, um seine Erfahrung möglichst vielen Menschen zugänglich zu machen. Hunderttausende Menschen machten seither Naikan. Heute gibt es über 30 Naikan-Zentren in Japan und derzeit 5 Zentren in Europa. Seit 1980 werden jedes Jahr regelmäßig Naikans in Europa veranstaltet.

Bodo Baginski & Shalila Sharamon REIKI — Universale Lebensenergie

Reiki wird als jene Kraft definiert, die die Grundlage allen Lebens bildet. Diese universale Lebensenergie kann durch entsprechende Einstimmungen in jedem Menschen geweckt und aktiviert werden, so daß sie als heilende, ordnende und harmonisierende Kraft durch seine Hände fließt. Reiki bewirkt eine Heil-Werdung im ursprünglichen Sinn, denn es führt den Menschen zu einer Harmonie mit sich selbst und den grundlegenden Kräften des Universums zurück. Die Autoren Bodo J. Baginski und Shalila Sharamon beschreiben in diesem Buch ihre Erfahrungen mit der Reiki-Heilkunst bei Menschen, Tieren und Pflanzen. Sie schreiben über den Ursprung und die Geschichte des Reiki, seine Wirkungsweise, wie man Reiki erlernt, erläutern die verschiedenen Anwendungsmöglichkeiten und geben viele nützliche und hilfreiche Tips für die Praxis des Reiki. Darüber hinaus enthält das vorliegende Buch ein Verzeichnis über die Hintergrundbedeutung von über 200 Krankheitssymptomen aus geistiger Sichtweise.   240 Seiten

Fran Brown Reiki-Leben – Großmeisterin Takatas Lehren

Geschichten aus dem Leben von Hawayo Takata.
Reiki ist Lebensenergie. Im Usui-System des Natürlichen Heilens wird diese Energie geehrt und als Leitfaden des täglichen Lebens genutzt. Sie bietet uns eine einfache Möglichkeit, unser Leben als eine heilige und ehrenvolle Erfahrung zu verstehen. Die Geschichten in diesem Buch geben Einblick in das Leben einer Frau, die Reiki-Lehren gelebt hat. Die Geschichten sind komisch und ernst, voller Freude und Traurigkeit, sie geben Aufschluß über das Heranwachsen dieser Meisterin und über ihr tiefes Vertrauen in die Lebensenergie. Sie schildern das Reifen von Takatas Heilkräften und zeigen ihre Bescheidenheit angesichts ihrer Gaben. Von bescheidenen Anfängen entwickelte sie sich zu einer großen und starken Persönlichkeit, von allen, die sie kannten, geliebt und respektiert.
In diesen liebevollen Erinnerungen an ihre Lehrerin hat Fran Brown die farbenfrohen Geschichten gesammelt, die Hawayo Takata während der 35 Jahre erzählt hat, in denen sie die einzig lehrende Reiki-Meisterin war. Die Geschichten geben einen inspirierenden Überblick über Takatas Lehren und schildern die praktischen und spirituellen Aspekte eines Lebens, das dem Heilen gewidmet war.   180 Seiten

Ron Kurtz Körperzentrierte Psychotherapie – Die Hakomi-Methode

Körper und Bewegungen eines Menschen drücken zentrale Anschauungen, Bedürfnisse, Gefühle und Besonderheiten seines Daseins aus. Psychologische Informationen formen den Körper. In Anerkennung dieser Verbindung beginnt die Methode mit der Arbeit am Körper. Besonderes Kennzeichen der Hakomi-Methode ist die genaue Anwendung der buddhistischen Prinzipien von *Innerer Achtsamkeit* — die Aufmerksamkeit wird auf das gelenkt, was jetzt genau vor sich geht — und *Gewaltlosigkeit* — wir unterstützen Abwehr und spontanes Verhalten, lassen entwickeln, anstatt zu konfrontieren und zu bekämpfen.   320 Seiten, ill., geb.

Gerda und Mona Lisa Boyesen Biodynamik des Lebens

Die Gerda-Boyesen-Methode – Grundlage der biodynamischen Psychologie. Jeder Körper reagiert in einer Streßsituation mit Anspannung, aus der der gesunde Körper wieder zu seinem Gleichgewicht zurückfindet. Oft geschieht dies jedoch nicht: Hervorgerufene Gefühle oder Ängste werden nicht ausreichend abgebaut oder verarbeitet, und wir verharren in einem unausgeglichenen Zustand. Die Selbstregulation unseres Organismus findet nicht statt, das Ungleichgewicht manifestiert sich in den Muskeln und unseren inneren Organen; besonders dem Verdauungstrakt. Dieser ist das Hauptregulans für die Freilassung nervöser Energien und besitzt damit die Fähigkeit, Neurosen »zu verdauen« und das vitale Energiegleichgewicht im Organismus zu regeln.
Mit dieser Erkenntnis entwickelte Gerda Boyesen in ihrer klinischen Arbeit die Methode der biodynamischen Psychologie, in der sie die Freudsche Psychoanalyse und die dynamische Physiotherapie mit der Vegetotherapie und Orgontherapie W. Reichs zu einer Synthese vereinte und damit die biologische Basis der Psychodynamik legte.   200 Seiten

Dr. Malcolm Brown Die Heilende Berührung

Die Methode des direkten Körperkontaktes in der körperorientierten Psychotherapie. Dieses Buch führt zu theoretischer Klarheit und zum praktischen Verständnis einer Yin / Yang-Körpertherapiemethode, eingebettet in eine grundlegende, humanistische, tiefgehende Art der Behandlung. Beeinflußt durch C. G. Jung, A. Maslow, E. Neumann, C. Rogers und D. H. Lawrence entwickelte Brown seine Methode der Lösung der chronischen Muskelspannung und der Reaktivierung der natürlichen geistig / spirituellen Polaritäten der verkörperten Seele und transzendierten Psyche.   340 Seiten, 30 Abb., geb.

Don Johnson Rolfing und die menschliche Flexibilität

Der Körper ist flexibel, ein fließendes Energiefeld, das vom Moment der Empfängnis bis zum Tod in einem Prozeß der ständigen Veränderung ist. **Inhalt u. a.:** Beschreibung von Rolfing-Sitzungen, Rolfing und die anatomischen Grundlagen; soziales Verhalten und die Auswirkungen auf den Körper . . .   164 Seiten, ill.

Robert St. John Metamorphose – Die pränatale Therapie

Die Methode basiert auf einer überlieferten chinesischen Behandlungsweise der Füße. R. St. John entdeckte in bestimmten Bereichen der Füße Verbindungen zur vorgeburtlichen Phase, in der Energiemuster unser Sein geprägt haben. Durch eine sachgemäße Behandlung des Reflexbereiches der Wirbelsäule an Füßen, Händen und Kopf werden auf natürliche Weise Sperren und Grenzen des Bewußtseins aufgehoben und die ursprünglichen Kräfte der Psyche wieder freigesetzt.   160 Seiten, ill.

Reinhard Flatischler Die Vergessene Macht des Rhythmus

Reinhard Flatischler hat aus schamanistischen Traditionen ein System entwickelt, das mit Sprachrhythmen, Klatschen, elementaren Tanzformen und Gesang jeden die Erfahrung der Rhythmuselemente in seinem eigenen Zeitmaß machen läßt. Diese grundlegenden Erfahrungen sind auf alle Musikinstrumente übertragbar. Sie sind in der Rhythmik jedes Kulturkreises zu finden und haben psychische Wirkungen, die für alle Menschen gleich sind. Davon ausgehend werden wir die Rhythmuswelten Afrikas, Indiens, Koreas, Brasiliens und Kubas aus ihren Elementen kennenlernen, und selbst den Stellenwert finden, den die Rhythmen dieser Kulturkreise für unser tägliches Leben in Europa haben.
                    228 Seiten, Fotos u. Grafiken, Farbbildteil, geb.; Kassettenkurs (3 Kassetten) separat erhältlich

Reinhard Flatischler   TA KE TI NA – Der Weg zum Rhythmus

Rhythmus ist die Kraft hinter allen Dingen. Sie vereint die unterschiedlichsten Gebiete des Lebens. Rhythmus schenkt uns Vertrauen ins Leben und in uns selbst. TA KE TI NA ist der Weg, auf dem alle Aspekte von Rhythmus als Einheit erfahren werden können. Es ist eine Synthese aus dem rhythmischen Wissen vieler Kulturkreise und zeigt in konsequenter Systematik, wie Rhythmus für jedermann erlernbar ist. Die mit TA KE TI NA gemachten Rhythmuserfahrungen sind auf alle Musikinstrumente übertragbar, und der Musiker kann in diesem Buch eine neue Quelle zum Komponieren kreativer Rhythmen finden. Ein Einstieg in die körperliche und geistige Erfahrung von Rhythmus geben.

160 Seiten, ill.; Kassette oder CD separat erhältlich

Burkhard Schroeder   AtemEkstase · Rebirthing

lehrt Dich das Annehmen allen Seins · Einlassen auf bewußtes Atmen in seiner ursprünglichen Form · Loslassen · Auftauchen ins Leben · Reiten auf den Wellen Deiner Ekstase · Verschmelzen mit dem SEIN · Dich und diese Schöpfung zu lieben.
Rebirthing ist eine wirkungsvolle Methode zur körperlichen, emotionalen und geistigen Reinigung und ein effektiver Weg persönlichen Wachstums. Ein gewaltloser Weg, der Dich lehrt, Deiner Energie zu vertrauen, mit ihr zu fließen, loslassen, zu tun durch Nicht-Tun. Dein Atem wird Dir helfen herauszufinden, wer Du bist, Dich anzunehmen und Dein Herz zu öffnen für Schönheit und Ruhe, Lebendigkeit und Lebensfreude. **128 Seiten; angeleitete AtemEkstase-Kassette separat erhältlich**

A. Wallace, B. Henkin   Anleitung zum geistigen Heilen

Die Autoren beschreiben — auf dem Erfahrungsgrund der Humanistischen Psychologie —, wie sie zum Heilen angeleitet worden sind, ihre Erfolge und die Grenzen dieser Kunst, andere zu heilen. Darüber hinaus zeigen sie eine umfassende Reihe einfacher Übungen für den Anfänger auf und fortgeschrittene Techniken für den, der sich schon mit geistigem Heilen beschäftigt. In der praktischen Anleitung zeigen sie die Beziehung des Heilens zum Vertrauen, zu Weltanschauungen, Träumen und kosmischer Bewußtheit auf.

228 Seiten

Bob Toben   Raum-Zeit und erweitertes Bewußtsein

Toben diskutiert in eingehend grafischer Darstellung mit den Physikern J. Sarfatti, C. Suares und F. Wolf in einer verständlichen Wissenschaftssprache die Abhängigkeit unserer Vorstellung vom Universum durch unsere Sinne. Themen u. a.: Psychokinese, Lichtbiegen, Materialisation, Astral-Reise, Wissen aus dem Universum, Reinkarnation, Aura, Telepathie, Telekinese, Levitation, Geistheilung.

180 Seiten, ill.

Richard S. Heckler   Aikido und der Krieger des neuen Bewußtseins

Meister Uyeshiba, Begründer des Aikido, lehrte eine Kampfart, die die innere Kraft des Menschen stärkt, ohne Rivalität und Streit. Durch die im Aikido entwickelten Methoden zeigt er eine Alternative zu unserer derzeitigen Form des erdrückenden Militarismus, bzw. eines aufopfernden Pazifismus auf. Das Elementarste an Meister Uyeshibas Aikido aber ist der spirituelle Pfad, der die Menschen lehrt, ihr Ki, ihre Energie mit dem Ki des Universums zu verbinden, um in einer Welt der Harmonie, Zentriertheit und des Mitgefühls zu leben.

176 Seiten, ill.

Roger Hicks und Ngakpa Chögyam   Weiter Ozean – DALAI LAMA

Diese autorisierte Biographie ist die erste Aufzeichnung des Lebens Seiner Heiligkeit seit seiner Autobiographie »Mein Leben und mein Volk« (1962). Es ist auch die erste Darstellung der Leben der vorhergehenden dreizehn Dalai Lamas, die einem breiteren Publikum zugänglich ist.

240 Seiten, 31 z. T. bisher nicht veröffentlichte Fotos

Hazrat Inayat Khan   Das Erwachen des menschlichen Geistes

Die Botschaft des Autors beginnt und endet mit der Aussage, daß es nicht ausreicht, im Geistigen zu leben; was wir heute benötigen, ist ein *menschlicher* Geist. Es ist die Erweckung des Geistes im Menschen auf der Suche nach der Wahrheit. Diese Unterweisungen Hazrat I. Khans beschreiben die Folge der inneren Entwicklungsphasen, die der einzelne auf der Suche nach der geistigen Wirklichkeit durchläuft.

224 Seiten, zahlreiche Fotos

Pir Vilayat Khan   Der Ruf des Derwisch

Pir Vilayat Khan ist Leiter des Sufi-Ordens im Westen, der von seinem Vater Hazrat Inayat Khan gegründet wurde. Er ist bestrebt, den Weg und die Essenz der Sufi-Tradition besonders dem westlichen Menschen erlebbar zu machen.

224 Seiten

Benjamin Hoff   Tao Te Puh – Das Buch vom Tao und von Puh, dem Bären

Was für ein Puh? *Was* für ein Tao? Das Tao Te Puh! . . . in dem uns enthüllt wird, daß einer der größten taoistischen Meister nicht etwa ein Chinese, auch kein altehrwürdiger Philosoph . . . sondern wirklich und wahrhaftig kein anderer als der absichtslos in sich ruhende, vergnügliche kleine Bär.

160 Seiten, ill.

Affirmationen – »Ich mag mich selbst«

Eine Affirmation ist ein positiver, schöpferischer Gedanke, um deine negativen Glaubenssysteme und Denkmuster zu verändern. Affirmation heißt das Leben bejahen und deinem Denken eine Idee über das Ziel zu geben.

28 Seiten, Büttenpapier

Erik Sidenbladh   Wasserbabys – Geburt und Entwicklung in unserem Urelement

Der sanfteste Übergang vom Mutterleib in die Außenwelt ist die Geburt unter Wasser. Frühes Training im Wasser bewirkt bei den Kindern eine bessere und schnellere Koordination der Bewegungen und Körperfunktionen. Die zahlreichen, außergewöhnlichen Aufnahmen verstärken Tjarkovskijs Erfahrungen, daß das menschliche Potential besser entwickelt werden kann, wenn wir lernen, Wasser ohne Angst zu akzeptieren.

156 Seiten, durchgehend vierfarbig ill., geb.

Astro-Tafel – Der Weg zur Astrologie

»ALL-EIN-SEIN heißt eins sein mit dem All. Die Schwingungen des Alls wahrnehmen und sich auf diese Schwingungen einzustimmen heißt sein Leben, oder einfach sich selbst, mit dem All in Einklang bringen. Ist die Person (lat. persona, von per-sonare = durch-tönen, zum Erklingen bringen) im Einklang mit dem Kosmos, so resoniert der Kosmos in ihr, der Kosmos findet seinen Wiederhall in der Person. Wird man sich dessen bewußt, hat man kosmisches Bewußtsein erreicht.« Wohl die umfassendste farbige Informationskarte zum Thema Astrologie und Harmonik. Außer der allgemeinen Beschreibung der Wirkweise der einzelnen Tierkreiszeichen, Planeten, Aspekt- und Himmelspunkte wird auch die Methodik der Verknüpfung dieser astrologischen Elemente zur Deutung erklärt und ausgeführt. Auch die Zuordnung der Töne zu den Planeten sowie der musikalischen Intervalle zu allen Aspekten, wie auch deren farbliche Zuordnungen, können der Karte entnommen werden.

13-Farb-Druck (DIN A2) auf besonderem Qualitätspapier, mit Begleitheft

Lee Sannella   Kundalini-Erfahrung & die neuen Wissenschaften

In einem verdunkelten Raum sitzt ein Mann allein. Sein Körper wird von Muskelkrämpfen geschüttelt. Unbeschreibliche Empfindungen und stechende Schmerzen schießen von seinen Füßen ausgehend durch Beine und Rücken bis zum Hals. Er hat das Gefühl, sein Schädel würde zerspringen. Im Inneren seines Kopfes hört er tosende Geräusche und hohes Pfeifen. Seine Hände brennen. Er glaubt, sein Körper müsse innerlich zerreißen. Dann plötzlich lacht er und wird von Glücksgefühlen überwältigt.

Ein psychotischer Anfall? Nein, dies ist eine psycho-physische Transformation, ein Prozeß der »Wiedergeburt«, der ebenso natürlich ist wie eine physische Geburt. Pathologisch erscheint dieser Vorgang nur, weil die Symptome nicht zum Ergebnis in Beziehung gesetzt werden: zur psychischen Transformation eines Menschen. Wenn dieser Prozeß ungestört zum Abschluß gelangt, kann ein tiefes psychologisches Gleichgewicht erreicht werden, ein Zustand innerer Stärke und emotionaler Reife.

Sannellas Buch ist unentbehrlich auf dem Weg des tieferen Verstehens von mystischen Erfahrungen und Momenten des erweiterten Bewußtseins. 160 Seiten

Stuart Perrin   LEAH – Die Geschichte einer meditativen Heilung

»Als ich Leah das letzte Mal sah, war sie voller Leben, strahlend und bezaubernd schön. Ich war überzeugt, daß sie zu einem besonderen und äußerst ungewöhnlichen Menschen heranwachsen würde. Der Gedanke, daß sie von Krebs befallen war, lag jenseits meiner möglichen Phantasien.

Die Ärzte gaben ihr noch drei Wochen zu leben. – Drei Wochen können eine Ewigkeit sein, wenn man den Moment lebt. In dieser Zeit mußte ich eine neue Logik entdecken, eine, die den Tod entwaffnete und das Unmögliche möglich machte.«

Die dramatische Erzählung eines Heilungsprozesses. LEAH basiert auf einer erlebten Geschichte – die Bemühung eines spirituellen Lehrers, ein junges Mädchen in ihrem Kampf gegen ihren Krebs zu unterstützen. 120 Seiten

Ken Dychtwald   KörperBewußtsein

Basierend auf den Arbeiten von W. Reich, I. Rolf, M. Feldenkrais, F. Perls, W. Schutz, A. Lowen, St. Keleman, R. Kurtz u. a. und verschiedenen Yoga-Richtungen, verbindet Dychtwald deren Erkenntnisse mit einer Vielfalt von östlichen und westlichen Einstellungen zur Entwicklung des KörperBewußtseins. Es ist das zur Zeit umfassendste und leichtverständlichste System zur Bewußtwerdung und Diagnose des KörperBewußtseins. KörperBewußtsein von K. Dychtwald ist ein hervorragender Einstieg in das, was wir »Körperlesen« nennen. D. h., durch die Wahrnehmung, wie sich jemand »trägt« oder mit seinem Körper umgeht, erfahren wir mehr über diese Person, als wir sehen. KörperBewußtsein hilft, sich und andere besser »wahr« zu nehmen, indem es aufzeigt, wie der menschliche Körper eine lesbare Karte seiner persönlichen Geschichte ist. Darüber hinaus gibt Dychtwald einen Einblick in verschiedene Körpertherapie-Methoden. Ein lebendiges, gut zu lesendes und sehr menschliches Buch. 320 Seiten, 46 Abb.,

Georg Schäfer und Nan Cuz   Im Reiche des Mescal – Ein kosmisches Märchen

Wandere mit Schwarzhaar und dem Schamanen durch Metaphern deiner inneren Welten zum Licht der Erkenntnis . . . Schwarzhaar war ein Träumer, und die Mutter hatte ihre Sorgen mit ihm, denn statt Netze zu flicken oder Brennholz aus dem großen Wald zu holen, lag er am Strand und schaute stundenlang in den Himmel. »Was wird denn hinter den Sternen sein?«, so dachte er, »und wo beginnt das Reich der Götter und wo endet es?« Über solche Gedanken geriet er ins Grübeln und vergaß alles, was ihm die Mutter aufgetragen hatte . . . 40 Seiten, Großformat, vierfarbig, gebunden

Cousto   Die Kosmische Oktave

Der Weg zum universellen Einklang. In diesem Buch sind alle Schritte erläutert und formalisiert, um aus astronomischen Beobachtungsdaten die Rhythmen und die Stimmtöne der Erde, des Mondes und der Planeten herzuleiten. Ebenso sind die Berechnungsmethoden zur Feststellung des Sonnentones oder auch der Klänge einer Horoskopvertonung dargelegt. 240 S., 50 Grafiken, zahlreiche Tabellen, 32 S. wissenschaftl. Anhang, 15 Farbtafeln, geb. und Paperback

Ulrich Sollmann (Hrsg.)   Bioenergetische Analyse

Autoren und Themen: *A. Lowen:* Der Wille zu leben und der Wunsch zu sterben; *R. Robins:* Der rhythmische Zyklus und Widerstand; *E. Muller:* Auswirkungen der Berührens; *H. Petzold:* Der Schrei in der Therapie; *L. Rahlen:* Das gespaltene Ich. Krebs und Probleme der Selbstabgrenzung; *A. Kloppstech:* Frauenarbeit mit krebskranken Frauen; *P. Boyesen:* Psychodynamische Analyse; *U. Sollmann:* Prozeßanalytische Körperarbeit in der Gruppe; *E. Svasta:* Jan Velzeboer und die Bioenergetische Analyse; *R. Steiner:* Die energetische Verbindung von Körper und Geist; *R. C. Ware:* C. G. Jung und der Körper — vernachlässigte Möglichkeiten der Therapie? etc. 252 Seiten

Ernest L. Rossi   Die Psychobiologie der Seele-Körper-Heilung

Neue Ansätze der therapeutischen Hypnose. Ist es wirklich möglich, über die Seele eine körperliche Krankheit zu heilen? Gibt es tatsächlich eine Verbindung zwischen den Genen und der Seele, mit deren Hilfe unsere Gedanken und

Gefühle die Heilung unterstützen können? Ja, sagt der Autor, und führt uns in die faszinierende Welt der Psychobiologie ein, die die derzeitigen Ansätze innerhalb der Medizin und der Psychologie auf revolutionäre Weise verändert. Rossi zeigt neue Möglichkeiten auf, wie die Heilung von Krebs, Asthma, rheumatischer Arthritis, krankhaften Stimmungsschwankungen und einer Vielzahl anderer psychosomatischer Störungen unterstützt werden können. Sein anschauliches Konzept, wie man Symptome in Signale und psychische Probleme in schöpferische Hilfsquellen umwandeln kann, ist überzeugend, denn es ermöglicht intuitiv zu spüren, daß wir alle den Schlüssel zu unserer Gesundheit und zu unserem Wohlbefinden in uns tragen. **312 S., zahlreiche Tabellen und Abb., Hardcover**

David K. Reynolds Die Stillen Therapien
Japanische Wege zu persönlichem Wachstum. Mit diesem Buch stellen sich eine Reihe von Psychotherapien und therapeutischen Methoden dem europäischen Leser vor, die von einem völlig anderen Verstehen des Menschen ausgehen. Während wir im Westen Therapie oft nur als Symptombekämpfung verstehen, ist im östlichen Denken die Befreiung des Geistes als Ganzes im Vordergrund. Damit stehen Die Stillen Therapien im Zentrum der neuen geistigen Bewegung – der Sehnsucht nach Ganzheit, Re-Integration, nach der unmittelbaren Erfahrung des eigenen Selbst. In diesem Buch finden Sie klare, praktikable und energievolle Wege zu sich selbst. **160 Seiten**

Rosalyn L. Bruyere CHAKRAS – Räder des Lichts – Einführung
Dies ist das Grundlagenbuch für jeden, der über das esoterische Wissen hinaus Einsicht und Wissen in die Funktionen der Chakras und der feinstofflichen Energiefelder erlangen möchte. In diesem Einführungsband wird die Natur der Chakras untersucht und eine Übersicht gegeben. Mit den folgenden sieben Bänden, jeweils einem Chakra zugeordnet, wird dieses Werk die bisher umfassendste Beschreibung der feinstofflichen Energien und des Chakrasystems sein.
Jedes der sieben Primärchakras ist ein »Rad des Lichts«, ein sich drehendes, farbiges, elektromagnetisches Feld. Zusammen erzeugen diese sieben Felder die Aura des Menschen. In alten Überlieferungen schon gibt es verschiedene Beschreibungen dieser Energie- oder Lichtfelder, die aus dem physischen Körper strömen. Doch erst in neuester Zeit hat die Wissenschaft die Existenz der feinstofflichen Energien und der Aura bestätigt. **144 Seiten, großformatig**

Rosalyn L. Bruyere: CHAKRAS – Räder des Lichts. Band 1. Das Wurzelchakra
Kapitelinhalte: I Vitalität, II Kundalini, Sitz des physischen Körpers, III Die Kraft des Feuers, IV Sexualität, Kundalini und Karma, V Die Wissenschaft und die Chakras, VI Krankheiten und Dysfunktionen. **144 Seiten, großformatig**
Alle Bände durchgehend mit Fotos, Zeichnungen, wissenschaftlichem Begleittext und Übungen.

Stamboliev Den Energien eine Stimme geben
In der Voice-Dialogue Methode werden Energiemuster des Menschen als eigene Persönlichkeiten angesprochen und aktiviert – den Energien wird eine Stimme gegeben, sich mitzuteilen. Die Fähigkeit des Voice-Dialogue Therapeuten, sich auf den Prozeß einzustimmen und mit seinen eigenen entsprechenden Energiemustern mitzuschwingen, ermöglicht dem Klienten ein intensives Erfahren, Erkennen und Integrieren der psychisch-emotionalen Realität dieser Muster.
Stamboliev gibt auch einen Überblick über die Lehre des T'ai-chi-ch'uan und über verschiedene esoterische Systeme, um dem Voice-Dialogue Therapeuten zu helfen, eine größere energetische Sensibilität der Methode gegenüber zu entwickeln.

Thomas Armstrong Die Spiritualität des Kindes
Pädagogik für ein neues Bewußtsein. Anhand zahlreicher Beispiele aus Literatur und Wissenschaft, Mythologie und Erfahrung zeichnet der Autor ein Bild vom zweifachen Wesen des Kindes: „Es gehört sowohl zum Himmel wie zur Erde, und es tritt als Brücke zwischen Licht und Dunkel, Körper und Geist, Ich und Selbst, Mensch und Gott in unser Leben. Das spirituelle Kind singt und tanzt diese Ganzheit mit jeder Faser seines Seins. Wir alle täten gut daran, zuzuhören. Und noch besser daran, mitzusingen und mitzutanzen!" **192 Seiten**

Helmut G. Sieczka CHAKRA-KASSETTE. Energie und Harmonie durch den Atem
Unser Atem ist die wichtigste Brücke zwischen dem Körper und der Seele. Der Atem ist die Verbindung von Innen und Außen, vom Individuum zum Universum. Die sieben feinstofflichen Energie- und Bewußtseinszentren, den sogenannten Chakren, fließt unsere Lebensenergie.
Mit diesen zwei praktischen Atemübungen können Sie Störungen auf der energetischen, körperlichen und geistigen Ebene ausgleichen und harmonisieren. **Spieldauer: je Seite ca. 42 Minuten**

David V. Tansley RADIONIK – Energetische Diagnose & Behandlung
Radionik ist ein System der Diagnose & Behandlung, das die menschliche Fähigkeit der übersinnlichen Wahrnehmung direkt mit einbezieht, um somit die tiefliegende Bedeutung der Krankheit in einem lebenden Organismus zu erkennen. Diese Kunst des Heilens entwickelte sich aus einem Bereich der medizinischen Forschung von Prof. Dr. A. Abrams, der aufzeigte, daß Leben — und somit auch Krankheit — schwingende Energie ist, die energetisch behandelt werden kann. Die moderne Physik bestätigt dieses Modell seit langem. Radionik kann in jeder Therapieform praktiziert werden. Überwiegend wird sie in Verbindung mit Homöopathie, Schüssler-Salzen und der Bach-Blütentherapie angewandt. Radionik ist ein sanfter Ansatz zur Heilung, frei von den unliebsamen Nebeneffekten der herkömmlichen medikamentösen Therapie. David Tansley, die führende Autorität auf dem Gebiet der Radionik, beantwortet in diesem Buch u. a.: Wie arbeitet Radionik? Wie kann ein Therapeut die Diagnose stellen und die Behandlung ausführen, ohne den Patienten zu sehen? Was umfaßt eine Radionik-Diagnose? Welche Krankheiten können mit dieser Methode behandelt werden? **100 Seiten**

David Tansley **Die Aura des Menschen**
Energiefelder in der Diagnose
Die menschliche Aura ist etwas, das die meisten von uns bisher nur vage wahrgenommen haben, und dennoch ist es, wie dieses Buch zeigt, möglich und auch wichtig, sich der eigenen Aura und der anderer Leute deutlich bewußt zu sein. David Tansley greift auf die Forschungen und Beobachtungen sowohl von Wissenschaftlern als auch von hellsichtigen zurück, erklärt die Bedeutung der Farben, die man in der Aura sieht, und beschreibt das Verhältnis von Aura, Chakras und feinstofflichen Körpern. Er warnt vor der physischen und psychischen Verschmutzung der Aura und beschreibt Übungen, mit denen die Aura gereinigt werden kann. Dieses Buch leitet uns zum Erwecken unserer latenten Fähigkeit, die Aura zu sehen, zu fühlen und zu interpretieren; es zeigt, wie wir das noch weitgehend ungenutzte Potential der Aura für Medizin und Heilarbeit entfalten können.   **zahlr. Abb., 240 Seiten**

David Tansley **Auren, Chakren und die Sieben Strahlen des Lebens**
Radionik ist eine Heilkunst ohne Grenzen. Es umfaßt das Spektrum des menschlichen Geistes und seiner Kraft, zu heilen. „Dieses Buch bietet den Grundstein, auf dem Praktiker bauen können, nicht nur in der Radionik, sondern auch in der Sozialarbeit und -beratung, der Psychotherapie, Medizin und Heilung." *H. Korteweg*

David Tansley **Der Feinstoffliche Mensch**
Radionik in der energetischen Behandlung
Radionik ist eine Diagnose- und Therapiemethode, die vorrangig über die feinstofflichen Kraftfelder und Energiezentren die Untersuchung und Behandlung von Krankheitsursachen ausführt.
Tansley gibt ein einfaches und zugleich praktisch anwendbares Bild der feinstofflichen Anatomie des Menschen, dem Informationsträger unserer Existenz – und damit Basis für Heilung und Gesundheit.   **zahlr. Abb., 160 Seiten**

Wenn Sie an regelmäßigen Informationen über das Verlagsprogramm und dem Seminarprogramm unserer Autoren interessiert sind, schreiben Sie uns bitte:
SYNTHESIS VERLAG · Postfach 14 32 06 · 45262 Essen